あなたを守る高速道路利活用ノウハウ

～高速道路で事故や災害から命を守るには～

朝日和雄 ASAHI Katsuo

文芸社

目次「あなたを守る高速道路利活用ノウハウ」

高速道路安全三原則

1 出発前の6T（P.55参照）点検

2 余裕のある速度と車間距離の保持

3 非常時の確実な初期対応
　●後方確認　●燃料漏れ　●三角停止板等
　★緊急連絡先（#9910番／110番）

●高速道路からの電話について

　高速道路上に1㎞、あるいは200m毎にある非常電話では、直接管理センターにつながります（衛星電話と「050」で始まるIPフォンからは通話できません）。

　携帯電話の「#9910」では、音声ガイダンスにより高速道路道または国道の管理者を選択する必要があります。「#9910」はあくまで緊急時の番号ですので、緊急時以外の要件につきましては下記にご連絡ください。

●ネクスコ東日本：0570-024-024
　　　　　　　　　　又は 03-5308-2424
●ネクスコ中日本：0120-922-229
　（上記電話番号を利用できない場合：052-223-0333）
●ネクスコ西日本：0120-924-863
●首　都　高　速：03-6667-5855
●阪　神　高　速：06-6576-1484
●名 古 屋 高 速：052-919-3200

※運転中は携帯電話は使用せず、同乗者に連絡してもらうか、安全な場所に停車してから連絡してください。

はじめに

　ドライバーの皆さん突然ですが、高速道路で次のような アクシデントに見舞われた場合、どのような行動を取ったら良いとお考えですか？

①一方通行のはずの高速道路を走行中に、自分と同じ
　車線を対向車が向かって来た場合——

②目の前を走行中の車が積み荷を落した場合や、事故
　を起こして急停車した場合——

　筆者はこれまでに、「その様な事は滅多に起こらないから考えていない」、「どうしたら良いか分からずパニックになる」と、多くのドライバーの皆さんがお答えになる現場に立ち会ってきました。これではとても安全とはいえません。

　筆者は1972（昭和47）年以来、高速道路に関わる仕事におよそ半世紀にわたって従事してきました。その間には、「日本坂トンネル火災事故」といった、あってはならない悲惨な事故や災害を現場で経験し、「東海地震対策」や「岩手山噴火対策」、「東北自動車道の大雪対策」などにも関わり、東名高速道路や東関

東自動車道などの維持と管理に従事してきました。

　本書ではこれらの体験を踏まえ、ドライバーの皆さま方が極力災害や事故に遭わないように注意喚起をし、あるいは不運にも遭遇した場合でも、その被害を最小限にするにはどうしたら良いかという提案をさせていただいています。

　第1章「高速道路を走行中のトラブルや事故」では、高速道路走行時に起こると考えられる多くの事象に関して、事故を起こさないための対応や、万一事故が起こってしまった場合の対応方法について、図解を交えながら提言しております。

　第2章「自動車の運転者へのサポートの状況」では、近年自動車メーカーが完全自動運転を目指して技術開発を進めていますが、自動車に搭載されている最近の装置やその機能などについて紹介しています。

　第3章「道路管理者等の安全への取り組み」、第4章「交通管理者の対応」では、道路の建設やその管理に従事する者や、交通の指導・取締り等をする警察が、どんな取り組みをしているのかを紹介しています。

　第5章「道路の異常事態への対処」では、運転中に発生する災害や事故が発生するのを防ぐためにどんな

対策がなされているか、あるいは被害を最小限にするために道路を利用される皆さんの協力を得ながら、どの様に取り組んでいるかについて紹介しています。

　第6章「高速道路の交通規制」では、高速道路では、事故や災害の発生や、道路を補修する必要が生じた場合に行われる交通規制について、例を示しながら解説しています。

　第7章「救急救命法」では、交通事故などで傷病者が発生した場合における救急救命法について、第8章「特徴のある高速道路＆施設」では、長距離運転をされる方に参考になると思われる、特色のある高速道路上の施設などについて紹介しています。さらに第9章では、高速道路にまつわる「よもやま話」を掲載しています。最後に、詳しく説明したい内容や記述の重複を避けるため、コラム集を設けております。

　本書は皆さんに、まず一読していただき、車内のダッシュボードなどに置いていただき、時間があれば興味のある所を読んでいただくなり、万が一何か困ったことが起こった場合に、必要な部分のみ読んで参考にしていただけたらと思います。
　皆様が安全で快適なカーライフを送られることを、祈念いたします。

第1章

高速道路を走行中の
トラブルや事故

　内閣府の令和3年交通安全白書によると、2020年
の高速道路（自動車専用道路を含む）上での事故は
4649件（1日当たり約12.7件）発生しております。
事故は車両相互の事故の割合が（91.4％）最も多く
発生しています。これらの事故を原因とする渋滞や通
行止めも多数発生しているのが現実です。

　この様な状況下で、皆さんに安全かつ快適に高速道
路を活用して頂くためには、高速道路を建設・管理す
る者、指導・取締まる者、車を製造・点検する者、及
び車を運転する皆さん全員が真剣に交通の安全対策等
に取り組んでいかねばならない事かと思います。

1-1 高速道路における主な事故原因

　警察庁調査データによる違反行為ワースト5は以下のようになっています。

1 前方不注意　42.1%
　カーナビや後部座席など、運転以外のことに気を取られてしまい、前方確認を怠ってしまう。

2 動静不注視　22.1%
　ちゃんと見てはいたが、相手の動きを自分で勝手に判断してしまう。

3 安全不確認　15.1%
　主に、合流地点や車線変更時に、後方をちゃんと確認しない。

4 運転操作不適
　ハンドルを切り間違えたり、ブレーキとアクセルを間違えて踏んだりなど、とっさの運転操作をミスしてしまう。

5 車間距離違反
　前方の車両との適切で安全な車間距離を保たずに、危険な距離まで接近してしまう。

1-2 | 走行中に生ずる
各種トラブル対処16例

　高速道路を走行中は、道路の曲線や勾配、路面状況や各種の気象条件、地震あるいは交通状況など、次々と変化する環境の中で臨機応変に安全確保を最重点に運転を続けなければなりません。

　この中で個々のドライバーにとって、自分は安全運転をしているから大丈夫といっても、事故やトラブルに遭わないという保証はありません。ここでは、万が一事故やトラブルに巻き込まれた場合、相手も含めて被害を最小限にするためには、どの様に対処すれば良いのかについて、16の対応例を紹介しています。

　高速道路の運転に慣れていない方は、緊急時にはどうしても戸惑ってしまうものですが、概ね手順に従って行動して頂ければ、最善とは言いませんが、臨機応変に対応して行動して頂けたらと考えています。
　なお、できるだけ流れを分かり易くするために、フロー図を付けている例がありますが、まず本文を読んでからフロー図を活用して頂きたいと思います。

1 逆走車に遭遇した場合

　本線に入った逆走車は一般に、追い越し車線を走行する例が多いと言われています。逆走車は全国の高速道路でほぼ2日に1件の割合で発生しています。高速道路を走行中、逆走車と遭遇した場合、色々な状況が想定されます。対応方法については、以下の方法がベターと考えられます。

① 　前方の視界を遮るトラックやバスなど、大型車両の後方に車間距離を十分取らずに追随している場合、前方を走行している車は、逆走車との事故を避けようと車線を変更しますが、後続車には事故を避ける時間はありません。

　　これに対し、極力衝突を避けるためには、普段から大型車両などの後方を走行する場合は、十分な車間距離を確保する事が非常に重要になります。前方の車両が急に車線変更した場合は、前方に異常が発生したと判断して、後方確認と車間距離を十分確保したうえで、車線を変更するのがベターと考えられます。

② 　前方に走行車がいない状態で逆走車が接近する場合は、以下の手順になります。

逆走車に遭遇

パッシングランプの連続点滅
左ウインカーの点灯

ハザードランプ点灯
速度を落とす

後方・左側方確認

他車線・路肩に移行

路肩に着いたら、乗員は全員防護柵の外に避難する。
運転手等はサイドブレーキを掛け、発炎筒に点火し、
三角表示板を50m手前に置く

乗員で電話できる人が携帯電話で、110番又は＃9910
（高速道路交通管制センター）に逆走車の情報を連絡
する。最寄りの非常電話でも可能。その後はセンター
の指示に従う

乗員は全て警察等の指示がある
まで防護柵等の外に避難する

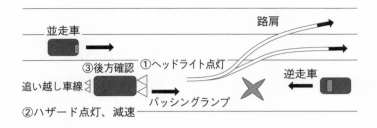

　逆走車を発見した場合、双方が向かい合って走行して
いる事から、相対的速度が極めて高いため正面衝突
の危険性が非常に高くなります。逆走車のドライバー
に逆走行為を認識してもらうため、まず相手に自分の
存在を知らせ、逆走車にも減速あるいは停止してもら
う事が重要になります。

　そのため、パッシングランプの点滅、あるいはヘッ
ドライトを点灯しながら、ハザードランプを点灯し
て、側方と後方に走行車両がいないかを確認しながら
速度を落とし、走行車線あるいは路肩に進路変更しま
しょう。

　側方に走行車がいる場合は、できれば左側のウイン
カーを出せれば出した方が望ましいのですが、場合に
よっては出す余裕が無い場合があると思われます。

※参照➡**コラム7**（P.148）高速道路上で停車した場合の対
応手順

② 自分が誤って逆走していた場合

　直ちに速度を落とし、ヘッドライトのパッシングとハザードランプを点灯して、対向車に逆走車が存在することを知らせ、対向して来る車両が無い事を確認

自分の逆走に気付く

ハザードランプ点灯
速度を落とす

対向車が見えればパッシングランプ
を相手が気付くまで点滅する

対向車が向かってこないのを見計らって路肩に移
動する。この場合、Uターンはしない。移動後は
サイドブレーキを忘れずに

乗員全員は防護柵等の外に避難する。運転手は発
炎筒を点火して自車の前方50m程度の位置に置
き、その後方に三角表示板を置く

乗員全員が防護柵等の外に出て、救援隊
が来るのを待つ。#9910に電話する

し、できるだけすみやかに路肩に移動して下さい。

　この場合、逆走のままの方向で構いません。同乗者がいる場合は、直ちに降車させ、一緒に防護柵の外側に避難して下さい。

※参照➡**コラム7**（P.148）高速道路上で停車した場合の対応手順

③ エンジン出力不調などのトラブルが発生した場合

　走行中にエンジン出力が落ちた場合、車体からの異常音や異常振動、異臭などが発生、あるいは積み荷の荷崩れなどにより車両の安定が悪い場合、タイヤを含めたボルトやナットの緩みや部品が外れる前兆、ファンベルトの緩みや動力部に外部から何か物を噛みこんだ等の可能性があります。

　また、エンジンの出力不調の場合は、燃料系統にトラブルが発生している恐れがあります。できるだけ早く路肩に移動し、ゆっくり走行して、安全な場所や路肩の広い場所に停車して下さい。

※参照➡**コラム7**（P.148）高速道路上で停車した場合の対応手順

トラブル発生

ハザードランプ・及びウインカーを点灯
速度を落とし、後方を確認し、路肩に移動

すぐに移動不可能	低速なら移動可能

左側:

直近のできるだけ安全な場所に移動する

路肩等に着いたら、サイドブレーキを掛け、乗員は全員防護柵の外に避難する。運転手等は発炎筒に点火し、三角停止板を50m手前に置く

乗員で電話をできる人が携帯電話で、110番又は＃9910（高速道路交通管制センター）にトラブル発生の連絡。最寄りの非常電話でも可能

出来れば、思い当たるトラブルの原因を探し、救援隊に連絡する

乗員全員が防護柵の外に出て、救援隊が来るのを待つ

右側:

移動可能ならば非常駐車帯やより安全な個所（休憩施設等）に移動し、サイドブレーキを掛ける。乗員全員が防護柵の外に避難し、携帯電話で＃9910（高速道路交通管制センター）に連絡

できれば、思い当たるトラブルの原因を探し、救援隊に連絡する

24

４ 落下物や事故車などを発見した場合

　高速道路上で落下物や事故車などを発見した場合、安全に現場を通過できるのであれば、同乗者がいる場合は、同乗者から「#9910（高速道路交通管制センター）」に通報してもらうのが良いでしょう。

　同乗者がおらず通報できない場合は、最寄りの休憩施設や料金所に知らせるか、高速道路上に設置してある非常電話で連絡して頂けたらと思います。

　安全に通行できない場合は、ハザードランプを点灯し、後方の安全を十分確認してから車両を路肩に移動させ、「#9910」に通報してください。

※参照➡**コラム７**（P.148）高速道路上で停車した場合の対応手順

5 交通事故に巻き込まれた場合

　万一事故を起こしたり、巻き込まれてしまった場合には、後続車による追突などの二次的事故を防止することが最も重要です。

（1）　まずハザードランプを点灯し、負傷者の有無を確認しましょう。車両が移動可能であれば、後方を十分に確認し路肩などに移動します。
　　　※参照➡**コラム7**（P.148）高速道路上で停車した場合の対応手順

（2）　車両の移動が困難な場合は、ハザードランプを点灯（ハザードランプが点灯しない場合は、ウインカーやその他のランプを点灯する）します。この場合、直ちに発炎筒を取り出して点火し、他の車の動きを確認しながら高くかざして、車の後方50m程度の所まで移動して、転がらないように細工して発炎筒を路面に置いて下さい。その後直ちに三角表示板を取り出し、発炎筒の近くに置いてください。
　　　※参照➡**コラム1**（P.141）高速道路上での発炎筒の取り扱い方法／**コラム7**（P.148）高速道路上で停車した場合の対応手順

（3）　路肩や安全な場所に移動した場合、発炎筒を取り出して車両後方に移り、発炎筒に点火し、車の

50m程度後方に、転がらないように細工して配置します。同乗者がいれば、防護柵の外側など安全な場所に避難してもらい、同乗者の協力を仰ぎながら対応して下さい。同時に、高速道路交通管制センター（#9910）あるいは110番に携帯電話や非常電話で通報して下さい。

(4)　中央分離帯側や防護柵の外側において、負傷者の出血が多かったり、心肺が停止している場合は、可能であればできるだけ早く止血や心肺蘇生などの処置を行って下さい。
※参照➡第7章(P.110)救急救命法
（この応急処置をできる人が近くにいれば、応援を依頼して下さい）

　以上のように一連の緊急処置が済めば、負傷者の容態にもよりますが、保険会社への連絡、その他関係者がいれば、状況連絡や情報の交換が必要になります。
　警察などが到着するまでに時間があるようであれば、できるだけ安全な場所に移動して、事故時の状況をできるだけ詳細にメモしておいた方が良いと思います。なお安全が確保されれば、ドライブレコーダーの記録を保存しておく必要があります。

事故に遭遇

```
┌─────────────────────┐
│ ハザードランプ          │
│ 点灯、速度を落とす        │
└─────────────────────┘
          ↓
┌─────────────────────┐
│ 後方・左側方確認          │──────────────┐
└─────────────────────┘              ↓
```

移動可能ならばウインカー点灯、後方確認後路肩に移行	追い越し車線等で移動不可能ならば、運転手等はサイドブレーキを掛け燃料漏れの確認、発炎筒の点火と三角停止板の組み立て配置（車の後方50m）
サイドブレーキを掛け燃料漏れの確認、発炎筒の点火と三角停止板の組み立て配置（車の後方50m）	死傷者の有無（できれば、相手の状況も）と程度及び位置の確認
死傷者の有無（できれば相手の状況も）と程度及び位置の確認	乗員で電話できる人が携帯電話で、110番又は＃9910（高速道路交通管制センター）に事故発生の連絡。最寄りの非常電話でも可能
携帯電話で、110番又は＃9910（高速道路交通管制センター）に事故発生の連絡。最寄りの非常電話でも可能	乗員は全て車から降りて中央分離帯の安全な所に警察等が来るまで退避する
救急車が来るまで、必要に応じて安全な場所で、救急救命措置等を行う	救急車が来るまで、必要に応じて安全な場所で、救急救命措置等を行う
警察、消防、交通管理隊等が到着すればその指示に従う	交通量が少なく、やむを得ず路肩等に移動したい場合で、機敏に移動できる人が2人以上いる場合は、2人で同時に安全を確認し、黄色旗や発炎筒を点火して1人ずつ渡るのであれば、横断するのも致し方ない。路肩の防護柵の外に退避する

6 特異な事故事例

特異な事故事例として、以下の例があります。

①路肩に駐車している車両への追突

高速道路の路肩は、原則的には駐停車禁止です。しかし、車両の故障、交通事故、道路に関する管制センターなどへの情報提供のために路肩駐車した車両が、走行中の車両に追突される例が多くあります。

②切土のり面への車両の乗り上げ

高速道路の切土部ののり面勾配は、その場所の地質により1対0.5〜1対1.8の勾配が用いられていますが、コントロールを失った車両がのり面に乗り上げて路面に転がり落ちた例が多数あります。

これに対する対策としては、路肩と切土のり面の間に防護柵などを設置する方法や、のり面の路面に接する部分に約80cm程度の壁を設けて、その上を人が歩けるようにする方法などが考えられます（これらの方法は、一部の区間では採用されています）。

29

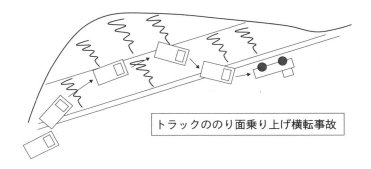

トラックののり面乗り上げ横転事故

③中央分離帯の乗り越え事故

　この事故は、暫定2車線の区間が最もその頻度が高くなっていますが、往復4車線の区間でも中央分離帯の防護柵がガードケーブルなどで施工された区間では、対向車が反対車線に飛び出す事故がまれに起こっています。

④のり面や中央分離帯の火災

　高速道路ののり面は通常植栽が施されており、特に冬から春先に掛けて枯草などが燃えて、高速道路が通行止めになる事例が毎年のように発生しています。

　この主な原因は、ドライバーなどが休憩施設で休憩し、出発前に煙草を一服してそのまま車に乗り込み、しばらく吸った後、その吸い殻を窓の外に捨てることだとされています。ポイ捨てされた吸い殻の火が、切土のり面の枯草などに燃え移り、火災になった例が多いとの調査報告書が出ています。

その報告書によると、休憩施設から進行方向に向けた数kmの範囲が特に多いとされています。このため、この報告書が出された後に、日本道路公団時代の設計要領にのり面火災防止対策の項目が加えられ、現在に至っています。

この他、のり面火災の原因として、事故や故障車が出た場合に使われる発炎筒が転がるなどして、火災に結びついている例もあります。また、事故や故障などで車両や積み荷が火災になった場合も、のり面火災の原因になっています。

⑤路面上への落下物との接触事故

高速道路上への落下物は落とし主の責任ですが、車間距離が十分確保されていない事故の場合は、事故を起こした後続の運転者にもその責任があります。ちなみに、2020年の全国の高速道路での落下物は、およそ32万件発生しています。

7 トンネル内で火災に巻き込まれた場合
①火災や事故の通報

　高速道路のトンネル内で火災を含む事故が発生した場合は、ハザードランプを点灯し、後続車などの追突の恐れが無いか安全を十分確認の上で、できれば750m毎に設置してある非常停車帯まで行き、非常電話で通報するか、携帯電話などで「#9910」に通報（できれば同乗者に連絡してもらう）して下さい。

　最近は、ほぼ100％の区間で携帯電話の利用が可能です。万一電話できない場合は、200m毎にある非常電話から連絡してください。

　なお、携帯電話で通報できない場合は、トンネルの50m毎に押ボタン式通報装置があります。通報により、トンネル入り口の情報板に「進入禁止」が表示されます。また、信号機のある特定のトンネルでは「赤の信号」が点灯されます。火災状況は、トンネル内に設置されたカメラで監視されている所もあります。

②初期消火

　消火が必要な場合は、トンネル内には50m毎に2本の消火器や消火栓が設置されていますので、それを使うことが可能です。

消火器を使った初期消火

（1）ボックスの扉を開け、消火器を取り出す。
（2）消火器のホースを外す。
（3）レバーの安全ピンを引き抜く。
（4）ホースをまっすぐ持ち、火元へ直接消火剤がか
　　かるようにノズルを向ける。
（5）レバーを握ると、粉末状の消火剤が約20〜30秒
　　間噴出。

消火栓による初期消火

（1）ボックスのハンドルを手前に引いて、扉を手前
　　に開ける。
（2）消火ノズルを止め具から外して手に持つ。
（3）右の赤いレバーを手前に倒し、消火ノズルを両
　　手でしっかり持つ。
（4）水が出たら、ホースを引き出す。

（参照：ネクスコ資料）

　火災が拡大し手に負えなくなりそうな場合は、自ら
の安全を最優先にして、すみやかに避難してくださ
い。

③本格的防災対策

　火災が発生した場合は、地元の消防隊へ出動が要請され、対応されます。個々のトンネルの防災設備は「トンネルの長さや交通量」により異なりますが、避難用トンネル、スプリンクラー、排煙設備、200m毎のトンネル内監視カメラ、ラジオ再放送などをフル活用して防災活動に当たる計画になっています。

④火災時のお客様の対応

　火災などが発生した上流側（入り口側）のお客様に対しては、消火活動に協力される人を除いて、消防活動がスムーズにできる様に、原則として車両を左側路肩にサイドブレーキを掛け、エンジンキーを付けたまま、500m毎に設置してある避難用トンネルの活用も含めてできるだけ早く避難される事が望まれます。

　拡声放送装置やラジオ再生放送装置の設置してあるトンネルでは、これらからも必要な情報を伝達します。

　なお、避難用トンネルを利用される場合、出口は高速道路の反対方向の車線の場合が多いので走行車に十分注意して避難して下さい。

※最近の車は電子ロック機能が付いている場合があり、運転手が車から離れるとロックされますので、キーを体から離して車の中に置いて下さい。

8 化学薬品など危険物運搬車の事故対応

　化学薬品、放射性物質、燃料などの運搬車も高速道路を利用します。これらの運搬車両については、厳格に管理された中で運搬されている事になっています。これらの中で運転手が、どの様な物質を運んでいるか、その物質が漏れた場合どの様になり、どの様な処理をすれば良いのかを把握していない例が見られます。また、運搬容器に記入された物質と異なる物質が入っていた例もありました。

　これらの事は、初期対応にとって大きなネックになります。化学物質などの処理は、消防などが行う事になりますが、速やかな対応を行うためには、（死傷などにより）運転手がいなくとも、積み荷が何という物質で、どの程度の量で、その毒性は如何なるものであり、その取り扱いの方法などについて、現場に到着した隊員などがすぐに分かるように荷主さんなどに徹底しておいてもらいたいと願っています。

　なお、荷主さんなどには昼夜間における非常連絡先も明示される事をお願いします。

　これらの事故に遭遇した場合、積載物の危険性がはっきりして、指示があるまで、関係者以外はできるだけ近寄らないで下さい。

9 強風に遭遇した場合

　自動車を運転中、台風、強い低気圧、寒冷前線の通過、竜巻の発生などにより、強風に見舞われる場合があります。この様に強風の吹く時は、各種の機関から情報が提供されると共に、高速道路上の情報板やハイウェイラジオなどでも知ることができます。

　この場合、80kmや50kmの速度制限がなされます。特にワゴン車やコンテナ車など、横からの風圧を受けやすい車は、ハンドルを取られたり横転したりする例が多くあります。これらの対策としては以下の点が挙げられます。

（1）　特に注意が必要な、Ⓐトンネル坑口付近、Ⓑ切
　　　土から盛土に移る区間、Ⓒ遮音壁が終わる区間、な
　　　どでは十分に注意する。
（2）　十分な車間距離を確保しながら、ハンドルを両
　　　手でしっかり握り、急ブレーキや急ハンドル操作を
　　　しない。
（3）　極力走行車線を走行し、規制速度以下の安全な
　　　速度で走行する。
（4）　前を走行する車の荷台からの落下物や道路周辺
　　　から物が飛来してくる危険があるため、これらにも
　　　十分注意する。
（5）　運転する前に、強風が予想される場合は極力運
　　　転を控えるか、積み荷の重心を低くして、転倒・落

下や飛散防止対策を行う。

（6）　走行中、落下物や事故車などを発見した場合、安全に現場を通過できるのであれば、同乗者がいる場合は、同乗者から「#9910」に通報してもらう。通報できない場合は、最寄りの休憩施設や料金所に知らせるか非常電話で連絡する。通行できない場合は、ハザードランプを点灯し、後方の安全を十分確認してから車両を路肩に移動させ、「#9910」に通報する。

※参照➡**コラム7**（P.148）高速道路上で停車した場合の対応手順

10 大雨に見舞われた場合

　最近の気候変動の影響と思われる大雨に見舞われ、全国各地の降雨災害のニュースを目にすることが多くなってきています。筆者も時間雨量100㎜を超えた時に、安全な場所に停車した車の中で、2時間余りじっとしていた経験が2回あります。それはまるで滝壺の中に車で入ってしまった感じでした。

　時間降雨量が50㎜を超えると、車の走行は次頁の理由で不可能になります。最悪の場合は、大きな切土部や沢を横断する個所を避け、広い路肩の個所にハザードランプを点灯して、豪雨が止むのを待つしかありません。橋やトンネル部分は、路肩が非常に狭い個

所が多いためにお勧めできません。

（1）　路面と周りの景色との識別ができなくなり、当
　　然前方車両や対向車も識別が困難になる。
（2）　路面を流れる水の量が多くなり、路面と排水溝
　　との区別ができなくなる。
（3）　道路ののり面などが崩落する危険性が非常に大
　　きくなる。
（4）　一般道では、マンホールなどのふたが水圧で流
　　され、穴が開いた状態になっている危険性がある。
（5）　沢部を横切る所では、土石流などが発生する危
　　険性がある。

　最近では高速道路でも、気象庁の発表する土壌雨量
指数を利用して防災規定が定められており、防災規定
により速度規制や通行止めになる区間もあります。
　気象庁の短時間降雨量予想などが常に出されていま
すので、大雨が予想される場合は、携帯電話などで状
況を確認し、時間降雨量が50㎜を超える場合は、最
寄りの休憩施設で待機して頂くのが良いと思います。
　決して無理をせず、安全運転でお願いします。

大雨に遭遇

- 運転中大雨に遭遇して、視界が極端に悪くなったり、路面に雨水があふれ、レーンマークの識別も不可能になったならば、ハザードランプやウインカーを点灯し、後方を十分確認しながら路肩やより安全な場所（非常駐車帯や休憩施設等）に低速で移動して下さい

- 移動したら、携帯電話を利用して検索エンジンで「気象庁短時間降水予測」や「気象庁降水ナウキャスト」等と検索して、最新の情報を入手してください。時間雨量が30mmを超える場合は、移動は極力控えて、50mmを超える場合は、絶対というほど移動しないで下さい

高速道路の区間によっては、沿線に配置された雨量計のデータと気象庁から発表される土壌雨量指数を参考に一定基準値以上になった場合は通行止めにする事になります。通行止めになった場合は、巡回点検車が安全を点検して回りますので係員の指示に従って下さい。一旦通行止めになった場合は、全線を点検すると共に既存の土壌雨量指数と今後の降雨予報データを基に開通の判断をしてからの開通になります

11 車が水没した場合

　車が運転中に水中に誤って落ちた場合や、アンダーパス区間で増水により水没してしまう事例を時々ニュースなどで知りますが、このようになった場合の対応法の参考例を紹介します。

一般の乗用車などは、水に浸かればエンジン付近が沈み、その他の所が浮くような状態になり、水深が20㎝程度を超えると、マフラーから水が入りエンジンが止まってしまいます。

　またバッテリーなどの電気系統は水に浸かればショートして電気が使えなくなり、電動の窓は開かなくなります。このため、水没しそうになった場合、可能ならば電気が使えなくならないうちに窓を開けておくことが望ましいと思います。

　ドアは水深が一定以上になると水圧により、手で押しても開かなくなります。このため、一般に窓ガラスを割るための特殊なハンマーなどが市販されています。代用品として傘の先を考えている人がいるようですが、これはかなり難しい様です。

　特殊なハンマーでもフロントガラスを割るのはかなり難しいので、割る時は必ずサイドのウインドウガラスを割って下さい。なお、ハンマーが無い時は、まず落ち着いて、手近にあるカバン、手提げ袋、大きめのスーパーのレジ袋などを活用し、車内に水が満ちてくる時間を利用して大きな浮き袋を作る事をお勧めします。水が十分満ちて来れば、浮き袋を抱いて大きく息を吸ってドアノブを引いてドアを押せば、比較的容易に開くはずです。

車が水没

一般に20cm以上水深があれば、エンジンは止まる恐れがあります。また、流れがあれば、下流に流される恐れがあります。また、水深が20cm程度になると電気が使えなくなる恐れがあります（水深の目安は車種によりかなり差がありますので運転手があらかじめ把握しておいて頂きたいと思います）。

- 水深が20cm以上の所には近づかないのが原則
- 水深が20cm以下のうちに、窓ガラスやドアをできるだけ開放して車から離れ、高台に避難する

- 余裕があれば、携帯電話で＃9910番電話をする

- 車が水に流されたら水圧でドアが開かなくなる。（車内に水が満杯近くなれば開ける事ができる）
- 室内のカバン等に空気を入れておき浮袋として活用して車から離れる
- ドアが開かなくなった場合は、窓ガラスを割るためのハンマーが市販されていますが、フロントガラスは割ることが難しい様です
- 携帯電話も水に浸かれば使えなくなる恐れがあります

- 余裕があれば、携帯電話で＃9910番電話をする

12 地震が発生した場合

　車を運転中に地震に遭遇した場合、一般に震度3程度では、それに気が付かない場合が多いと思います。震度4程度になって初めて、車の車輪がパンクしたように感じたり、照明ポールなどが揺れたりして、地震だと気が付く場合が多い様です。

　また、カーラジオを聞いていたり、携帯電話を持っていたりすれば、地震で揺れ始める前に緊急地震速報が入りますので留意しましょう。

　強い振動を感じたり、緊急地震速報を入手した場合は、周りのすべての車がその情報を得ているかどうかわからないので、まずウインカーやハザードランプを点灯して、後方や左右の状況を確認しながら、急ブレーキを掛けずに、ゆっくりと路肩や安全な場所に車両を移動させて下さい。

　この場合、以下の場所はできるだけ避ける様にして下さい。一般に地震動は、切土でも盛土でも肩部（盛土の路肩部、切土の上端部）が地震による振動が大きいといわれています。

できるだけ避けたい停車場所
① 　大きな切土のり面の下方
② 　トンネルの坑口付近
　　　（坑口上部からの土石崩落の危険性）
③ 　橋梁の前後の土構造付近

　（橋台裏の土の部分が沈下する危険性）
④　大型標識・掲示板や照明などの支柱付近
　（支柱転倒の危険性）
⑤　大きな盛土区間の路肩
　（盛土崩落の危険性）

　逆に、比較的安全と思われる個所は、切土と盛土が進行方向に接している付近（ただし、横断方向に切土と高い盛土が接している場合は、盛土部分が崩落する恐れが高いといわれています）や、低い盛土区間と考えられます。

　大きな地震の後、時間をあまり空けないで同程度の次の地震が発生する場合があります。このため、地震直後は上記の危険性がより大きい場所は避けて路肩などに停車し、とにかくラジオ、携帯電話、テレビなどから正確な情報を入手して行動してください。間近に休憩施設やインターチェンジがあり、安全に移動できれば、多くの支援を受けられます。

　地震の直後には、緊急点検を行う職員が専用車両で道路の安全点検を行いますので、停車位置が上記の位置以外の場所であれば比較的安全なので、特別の事情が無い限り、むやみに移動せず、職員が来て指示のあるまで待機するのがベターと考えられます。

　なお、安全な場所に避難するため、車を離れる場合は、必ず窓を閉め、サイドブレーキを掛け、貴重品

（車検証を含む）を必ず持参して、車の鍵を掛けずに鍵を分かりやすい所に置いて、移動して下さい。

（自動ロックの車は鍵を体から離して下さい）

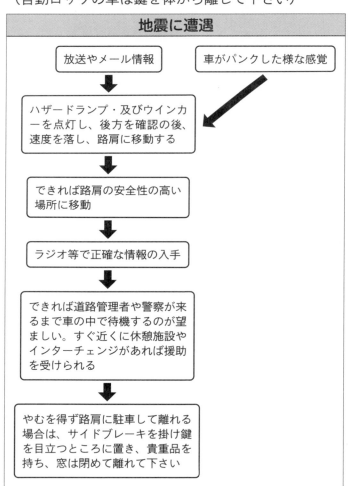

⑬ 津波情報を入手した場合

　海岸付近を走行中に大きな地震に見舞われた場合や、携帯電話やラジオなどから津波情報を入手した場合は、ラジオなどから詳しい情報を入手して、避難などの対応を取って下さい。

　特に、関東から九州にかけて発生が予想されている東南海地震や、東北から関東にかけて再度発生が予想される東日本地方の地震が発生した場合、地震発生から短時間で大きな津波が海岸付近に押し寄せる事が予想されますので、海岸付近を通過する高速道路などでは、地震発生の情報を得次第、すぐにでも避難しなければなりません。

　日頃からこれらの地域に向かうことが多い人は、その時の対応策を考慮しておく必要があります。ちなみに、2011年の東日本大震災の際に、もし救命胴衣を着用していたならば、かなりの人が助かったであろうという報告も出されています。

⑭ 濃霧や大雪に遭遇した場合

　車を運転中に濃霧や地吹雪などにより、突然前方の視界が0m程度になることがあり（ホワイトアウト）、これに積雪や路面凍結などが重なると、**多重事故の発生する危険が高まります**。実際、道央道の186台が関連した多重事故（1992年）、東北道における140台が関連した多重事故（2021年）などが発生しています。

　地吹雪の多発する区間では、地吹雪防止柵が設置されている所も多数あります。地吹雪は、積雪のある区間において、強風と低温が関連しており、走行中突然遭遇する場合もあります。地上2m以下の部分のみが視界不良で、2m以上は視界良好という場合もあり、運転席の高い大型トラックは運転が可能ですが、背の低い車両は地吹雪の中に隠れてしまう場合があります。気象情報を適宜入手して規制速度を厳守して走行して頂きたいと思います。

　特に近くに休憩施設などがある場合は、無理をせず立ち寄り、安全を確保した上で、携帯電話や休憩施設で提供している確実な道路情報を入手して、ゆっくり休憩してから先に進んで頂けたらと思います。

　運転中に突然視界不良などに遭遇した場合は、以下の行為を取って下さい。

（1）　自分の車の存在を示すために、ヘッドライト、
　　　テールランプ、フォグランプ、ハザードランプなど

を点灯してください。

（2）　視界不良の場合は、50kmの速度規制がされていると思いますが、突然視界が0mになる場合がありますので、車間を十分確保して、できるだけいつでも止まれる速度で走行してください。

（3）　大型車の場合は、自分の視界は良好でも、地吹雪などの中に小型車などが隠れている恐れがあることを認識して運転して下さい。

15 冬季の運転

通常の雪氷対策は以下のような対策が行われます。

①凍結防止剤散布

路面が湿潤の場合や、積雪が残っており路面凍結が予想される場合には、主に塩化ナトリウム水溶液と塩化ナトリウムの粒状材を混合した湿塩が散布されます。

②除雪作業

路面の雪は除雪トラックで路肩に寄せ、路肩などの雪はロータリー車やショベルとダンプカーなどで除雪します。

③冬への準備

冬季に路面凍結や積雪あるいは降雪が予想される場合に、運転される人は、以下の準備を充実させてからお出かけ下さい。

冬用タイヤの装着。次頁の表の区間ではチェーン規制が発令された場合は、全ての通行車両がチェーンを装着しないと通行できません。これらの区間は降雪量も多く、路面の勾配が急な所となっています。年により区間の増減があるかもしれませんのでご注意下さい。

併せて雪用ワイパーブレード、寒冷地用ウォッ

シャー液、ディーゼルエンジンは冬用軽油、雪かき用スコップ、雪道用チェーン、窓ガラス用凍結剥離ワイパーなどを所持、または装着して頂きたいと思います。

さらに大雪のため通行止めなどが予想される場合は、十分な燃料、水、食料・毛布や使い捨てカイロなどの暖房用具も備えておくことが望ましいでしょう。

チェーン規制区間

道路名	規制区間	距離
上信越自動車道	信濃町IC〜新井PA	24.5km
中央自動車道	須玉IC〜長坂IC	8.7km
中央自動車道	飯田山本IC〜園原IC	9.6km
北海道自動車道	丸岡IC〜加賀IC	17.8km
北海道自動車道	木之本IC〜今庄IC	44.7km
米子自動車道	湯原IC〜江付IC	33.3km
浜田自動車道	大朝IC〜旭IC	26.6km

（2022年10月15日現在）

高速道路で路面凍結や積雪があった場合は、一般的に制限速度50kmが表示される場合がありますので、この場合はスタッドレスタイヤを過信せず、制限速度を遵守して50km以下で走行して頂きたいと思います。

路面凍結は、運転席から見ると路面が濡れているだ

けの様に見える場合でも完全に凍結している例が多く見られます。また、路面に積雪がありスタッドレスタイヤなら大丈夫だと思えても、部分的に雪が凍結して氷盤のようになっている例があります（なお、スタッドレスタイヤはタイヤメーカー、使用条件、保管条件により耐用年数が異なりますので、毎シーズンの使用前にチェックする必要があります）。

　以上の様な状態で交通量が増えると、いたる所で事故が多発します。そうなると交通の確保が困難になりますので、通行止めを行い、早急に事故処理と雪氷対策を実施して交通を確保する事になります。

　このため、路面凍結時や積雪時には、各車が車間距離を十分確保して安全に走行すれば、路面の雪や氷も緩み、結果的に皆さんが一番早く目的地に到着することになるのです。

16 ガス欠した場合

　2020年のJAFの調査によると、全出動の約12％がガス欠とされています（ちなみに高速道路でガス欠になると、乗用車で違反点が2点となり反則金が9,000円になります）。

　高速道路上でガス欠になると交通安全上非常に危険な状態になりますので、絶対ガス欠にならないよう常に余裕を持った給油をして頂きたいと思います。

※参照➡**コラム3**（P.144）高速道路上での給油

※最後に、高速道路上で安全確保のために発炎筒や三角表示板等を使用し、事象の処理が済んだ場合は、関係者の指示を受け、警察や道路関係者等の規制が実施されている間に、発炎筒の安全を確認し、三角表示板やその他の規制材は忘れずに、確実に撤去してから移動してください。

1-3 運転開始前の確認事項

① 運転免許、車検証等の所持と期限の確認

　自動車を運転する者は必ず、運転免許証、車検証、自動車保険、ETCカード（高速道路をETCカードで利用する場合）を所持していなければなりません。しかし、通常使用している車であれば問題ないかもしれませんが、たまに乗る車だと忘れる可能性があります。

　また、運転免許証、車検証や自動車保険を含めて、有効期限がありますので、意識的に確認しておく必要があります。自動車の道路運送車両法に基づく法定点検は、1〜3年の車検、12か月、6か月点検などがあります。

② 車の緊急時に必要な物品等の所持確認

　高速道路を運転中に、何らかのトラブルが発生した場合、やむを得ず駐停車禁止の路肩などに駐停車する必要が生じます。この場合、三角表示板と点火した発炎筒などを駐停車車両の50m以上手前に配置するよう法律で定められています。

　このため、事故の防止や、同乗者や車両などの財産を守るため、高速道路に入る前には、必ずこれらの有無と保管場所や使用方法を確認しておく事が重要です。

③ 気象、路面、交通情報等の入手

　気象情報、路面情報、渋滞などの交通情報は、自動車を安全に運転するための基本的な情報ですから、出発前あるいは運転中においても、運転中の気象状況などを勘案しながら、適切な速度で運転される事が望まれます。最近は、カーナビが適時これらの情報を知らせてくれる装置もあります。

1-4 | 運転を始める直前の確認

① 日常的点検と整備

　日常点検は出発前に行うものでありますが、前回乗車した時に灯具の不具合やブレーキパッドなどから異音や異臭がする場合、ブレーキオイルが減少している場合、ブレーキの遊びが大き過ぎた場合などには、ブレーキが効きづらくなりますので、次の乗車時期までに点検・整備を行っておく事が重要です。

② 6Tチェックで安全始動

車両を乗り出す前に、以下の「6T」のチェックが必要になります。

6Tチェック表

チェック項目	チェック内容	チェック
T1：トラブル	前回乗車時及びエンジン始動時の異常音や臭い	
T2：タイヤ	ホイールナットの緩み タイヤの損傷や磨耗	
T3：タンク （燃料）	渋滞も考慮して、次の給油所まで十分足りるか（オイルの量も）	
T4：トイレ	渋滞も考慮して、次の休憩施設まで十分間に合うか	
T5：体調 （運転手）	熱や腹痛、寝不足などは無いか 脳梗塞などの前兆は無いか	
6T：積荷	荷台や荷物室内の重心やバランス移動、落下防止対策	

T1 トラブル

これから乗る車の周りを一周して、異常は無いかを確認。前回乗車した時に気付いた車の異常音や振動、あるいは気になる臭いなどがある場合は、その原因を探して必要な措置を取っておく必要があります。（ファンベルトやエンジン音など）

T2 タイヤ

　タイヤのボルトの弛みやタイヤに損傷が無いか。
※参照➡**コラム2**（P.143）タイヤの点検

T3 タンク

　燃料タンクに十分な燃料が入っているか。以下の点にご注意頂きたいと思います。
※参照➡**コラム3**（P.144）高速道路上での給油

T4 トイレ

　災害や事故など思わぬ渋滞に巻き込まれても十分な余裕はあるか（自然は待ってくれない。状況によっては、簡易トイレの準備が必要）。

T5 体調

　飲酒運転は当然厳禁です。
※参照➡**コラム4**（P.145）飲んだら乗るな
　運転手に熱がある、寝不足や運転疲れなどで気分が悪い状況の時、あるいは睡眠薬や眠くなる成分の入った風邪薬などを飲用した場合の運転は厳禁です。十分な休憩を取るか、誰かに運転を代わって下さい。
　特に、脳梗塞や心臓疾患の症状の兆候が出ている場合は、症状が軽いなどと言っても絶対運転をしないで、直ちに救急車を呼んで頂きたいと思います。
※参照➡**コラム5**（P.146）脳梗塞や心筋梗塞の初期症状

は？

T6 積荷

　トラックなどの場合は、荷崩れの恐れは無いか、積み荷の重心・バランスや固定方法の確認。

　なお、雪が予想される場合は、（W）ワイパーの動き（雪の場合は雪用の物がある）、（W）ウォッシャー液、（S）スタッドレスタイヤ、（S）スコップなどのチェックが必要になります。＝「2W2Sチェック」

　最後に、乗車したら駐車場から移動する前に、全員のシートベルトの装着確認、車両前後の人や車などの障害物の確認をしましょう（特に運転席の高い車、駐車スペースを捜している車両）。

1-5 ｜ 事故（自己）防衛運転のすすめ

　次頁からの①〜⑤のチェックを必ず行い、それぞれの注意点に留意して運転される事が望まれます。なお、高速道路上で、乗車する人は原則として全員シートベルトを装着しなければなりません。最近では、シートベルトを装着していないと、警告を発してくれる車もあります。

※参照➡**コラム6**（P.147）シートベルトの装着

1 事故を防ぐために

①事故を防ぐために

　降雨、濃霧、降雪、強風などの気象条件の悪い時、夜間や朝夕の見通しの悪い時間帯、路面状態が悪い道路、交通量の多い道路、初めての道路などで土地感の無い道路、ストレスや寝不足や体調が悪い状態の時、何か心配事を抱えている時には、できるだけ運転を控えるのが望ましいと言われています（最近の車の中には、自動車が運転の状況などを監視して、運転手に運転を避けた方が良いと警告などを出す車もあります）。

②落下物対策

　乗用車などの上に乗せたルーフキャリアからの荷物の落下、トラックの荷台に乗せた荷物の固定方法が不十分で荷崩れを起こし、荷物を道路に落下させたり、重心が移動してトラックが横転したりしています。過去には、トラックから積み荷の小型のハウスが落下して高速道路を塞いだ事から、「高速道路に家が建つ」と大きく写真入りで報道された事もありました。

　また、車両に取り付けたタイヤや車の部品を落下させる事例も多く見受けられます。つい最近でも車輪が外れて死傷事故が2件連続して発生しています（2022年1月）。2017年では全国の高速道路で35万件の落下物がありました。積荷を高速道路に落とすと落とし主は大きな責任を負うことになります。但し、

制限速度を超え漫然と運転していれば衝突した運転手にも相応の責任が生じます。

　特に、運転中に車両や荷物の異常音や振動を感じた時は、できるだけ早く原因を確認し、適切に処置しなければなりません。タイヤからの振動や異常音は、それ自身で荷物を支え回転移動している事から、特に重要です。

③運転中に留意して頂きたい事項

（1）車間距離

　高速道路は、極力車間距離を十分確保して走行車線を走行することが重要です。これは、以下の場合、路肩側に回避して事故を避ける事ができる可能性が極めて大きいからです。追い越し車線を走行している場合、側方あるいは後方に走行車がいると退避できず、重大な多重事故に結び付きます。

　（A）走行中に前方に事故車、故障車がある場合、あるいは逆走車が向かって来る場合。

　（B）運転している車が何らかの原因で走行できなくなった場合。

　（C）前車に接近しすぎた場合など。

（2）路面の勾配

　高速道路を問わず、道路には雨が降った時に雨水を速やかに道路の外に排除するため横断方向に必ず勾配が付いています。この勾配は右カーブの時は右、左

カーブの時は左に勾配が付いていますが、一般にその
カーブの半径が小さいほど勾配は大きくなり、雨量も
多くなり路肩付近に大きな水溜りができます（設計で
は3年に1回は生じる）。

　この時スピードを出して走行すると、ハンドルを取
られる事があります。また、一定の水深のある道路を
走行する時、自分の車の撥ねた水しぶきが隣を走行中
の車両に当ると、前方が見えなくなり、思わぬ重大事
故を起こす原因になります。この様な時は、スピード
を落とし、慎重に運転して頂きたいと思います。

（3）前方走行車の状態

　前方を走行する車両が、以下の行動を長く行ってい
る場合は、注意が必要です。

　1）車間距離を十分確保せずに走行している。

　2）蛇行運転をしている。

　3）走行速度の変化が激しい。

　4）頻繁にブレーキランプが点灯する。

　5）夕暮れ時に点灯しない。

　6）頻繁に車線を変更する。

　7）無理な割り込みを頻繁にする。

　これらの車の運転手は、以下の状況で運転している
可能性が大きいと考えられます。

　1）居眠り運転、携帯電話を操作している。

　2）長時間運転で注意が散漫になっている。

　3）何らかの原因でイライラなどしながら運転して

いる。

4）性格がかなりセッカチな人かもしれない。

5）体に何らかの異常が生じ、まともな運転ができ
ない。

このため、これらの車と事故に遭わないためには、
車間距離を十分取るか、一時これらの車を避け、休憩
施設などで休憩するなどして、気分転換を兼ねた方が
良いと思われます。

④ドライブレコーダーの設置

最近、高速道路において無理な追い越しや幅寄せ、
あるいは走行前方に急停車されて事故に遭った事か
ら、裁判になり法律の改正などがされました。このた
め、ドライブレコーダーを設置する車両が増えている
と言われています。

これらの設置も万全で無いことから、無理な進路変
更や短い車間距離は極力避けて、近寄らないで、張り
合う事が無いようゆったりと余裕を持って運転をする
ことが重要だと思います。

※参照➡**コラム8**（P.148）ドライブレコーダーの普及

⑤気象条件などの把握

　主に長距離を高速道路で走行する場合は、特に事前に気象情報を入手して、気象情報に応じた対応をしておくことが重要です。場合によってはルートの変更や最寄りの休憩施設でしばらく待機して様子を見ると良いでしょう。

　1）降雨、霧、強風
　　　➡ルートの変更、休憩施設での待機

　2）路面凍結、降雪、地吹雪
　　　➡スタッドレスタイヤやチェーンの所持
　　　➡寒冷地用軽油などの準備
　　　➡ルートの変更、休憩施設での待機

第**2**章

自動車の運転者への
サポート状況

2-1 | 最新の安全サポート装置やシステム

　最近の一部の車両（大型トラックなどを含む）は、
「サポートカー」などと称され、以下に挙げるような
様々な装備が付けられて販売されています。これらの
サポートは、現段階ではあくまで運転を補助するもの
であり、運転の責任は運転者にあるとされています。

　なお、最近のサポートカー導入に際しては、一部補
助金が出されたこともありました。これらの装置は、
メーカーや車種、そのグレードにより、標準装備や、
オプションで装着するなど様々です。それぞれの装置
は、早くリーズナブルな価格になるよう、大量に生産
して全メーカーが積極的に取り入れて販売される事が
期待されます。

　ただし、これらの新しい装備は、従来の車に乗って
いた者にとっては慣れるまでに時間が必要な場合があ
りますので、思わぬトラブルが起こらないよう、各
メーカーの万全の対応と広報や実地説明会などが必要
と思われます。

1 前方障害物の検知と制動

　大きな人や障害物を検知し、運転手に知らせるとともに車が自動的にブレーキを掛けます。

2 車間距離の確保と追随

　一定の車間距離を確保しつつ前方車両を追随して走行します。

3 設定速度での自動走行

　設定された速度で自動的に走行します。

4 車線はみ出し検知と自動復帰

　車線をはみ出した場合、運転者に知らせるとともに自動的に元に戻すシステムも取り入れています。

5 規制標識の検知と通知

　一時停止、規制速度、進入禁止、追い越し禁止など、各種標識を検知して運転手に知らせます。

6 高速走行時の自動的ハンドル操作

　高速走行になると、自動的に車線内を走行するよう、自動的にハンドル操作をします。

　また、状況によっては、自動的に追い越しをする事ができる装置もあります。

　最近は、GPSの位置情報も活用して、より精度の高

いシステムもあります。

⑦ 特定信号機における信号情報の受信

　特定の信号機の情報を受けて、信号機の情報を入手する事ができる車もあります。

⑧ 夜間走行時のライト自動点灯や
　上下の切り換え

　夜間など周囲が暗くなると、自動的に関連ランプが点灯（2020年4月以降販売の新車では義務化されました）し、夜間対向車がある場合はヘッドライトの上下切り換えを自動で行う車も出てきています。

⑨ 夜間右左折時の進行方向の照明

　夜間右左折の時に、曲がる方向の状況が分かりづらいので、ライトの方向がハンドル操作に自動的に連動する車もあります。

⑩ 停車時前方車両等の移動通知

　渋滞や信号待ちの時に、前に停車している車両が移動した場合や信号機が「青」に変わった場合、ドライバーに知らせ、自動的に再発進する車もあります。

⑪ 重要装置類の運転視界表示

　運転時に頻繁に使用する重要な装置やメーター類

を、運転者の視界の中に配置している車も出ています。また、エアコンやオーディオなどは、音声認識装置による操作が可能な車もあります。

12 走行速度等のフロントガラスへの表示

　運転席の前の速度計等の情報が、フロントガラスに映しだされ、視野を変えずに運転に専念できる車も出ています。

13 車線変更時の後方接近車両の通知

　車線変更や右折や左折を行う場合にウインカーを点滅させた場合、点滅させた側の後方からの接近車両の有無を知らせる車もあります。

14 進路や注意点等の案内

　最近カーナビが多くの車両に取り入れられていますが、道に不案内な人でも進路方向の踏切の存在や注意個所などの案内をしてくれ、安心して運転できるようになってきています。

15 急カーブ等走行時の横滑り防止

　コーナー走行時、車両が外側に横滑りしたような場合、車両の安定性を確保したり、旋回性能を高めたりする車も出ています。

16 アクセル操作と連動したブレーキ操作

　交差点などで信号待ちの時、オートマチック車の場合、ブレーキを踏み続けているのが一般的です。マニュアル車の場合も、ギアをニュートラルにして、ブレーキを踏み続けているかと思います。

　最近では、単にアクセルから足を離せば、自動的にブレーキが掛かる新たなシステムを導入している車も出てきています。

17 急発進等の防止装置

　車庫入れの補助、急発進の防止、発進時車両前後の障害物の通知などを行う装置が付いており、有効に活用されている車も普及してきています。

18 ドライバー監視システム

　ドライバーを常に見守り、一定時間以上目を閉じていた、顔が前方を向いていないなど、ドライバーに眠気や不注意があるとシステムが判断した場合、警報音などで注意喚起を行う装置も導入されてきています。

　また、ドライバーが長時間ステアリングなどから手を放しているとシステムが判断し、警告を発しても反応が無い場合は、ドライバーに何らかの異常が発生したとシステムが判断します。

　その後は、運転支援を可能な限り継続し、ハザードランプの点灯やホーンで周囲に異常事態を知らせ、

徐々に減速して車を停車させます。この場合、同時にドアロックを解除するという例もあります。

19 大型トラック等の巻き込み防止装置

　8t以上の大型トラックなどが左折する時、ボディが長いために、その内輪差により自転車や人を巻き込んでしまうという事故が多発しております。これらの事故を防止するための装置取り付けが、2022年5月より義務化されました。

　装置はレーザーなどにより、歩行者や自転車などの存在を感知して、音や光で知らせるものです。

20 大型トラック等の積み荷重心の検知装置

　最近の大型トラックやトレーラーの中には、積み荷の重心が適切かどうか自動的に計測する装置が付いている車も出ています。

21 カーナビからの情報提供

　最近のカーナビの中には、日本道路交通情報センターの発表する交通情報や気象庁の発表する地震・津波情報を含めた気象情報及びGPS情報からのユーザー情報を駆使して得た独自の情報を加味した独自のカーナビ画面を提供するメーカーも出てきています。

　以上の様に、様々な取り組みが各自動車メーカーに

より、競い合っている現状です。今の段階では、細かい所はほぼ出尽くしているのではないかと思います。今後これらの技術を組み合わせて、完全な自動運転車の完成に向かって行くのではないかと思います。

2-2 今後の技術開発の動向

　2-1で紹介した各種の安全運転などに関する技術開発は、今後も急速に進むものと考えられます。その中でも特に考えて頂きたいのは、車間距離の確保、逆走車や信号無視、侵入禁止あるいは一時停止違反、追い越し禁止、速度超過の対策です。

　これらは現在でも、人の目や感覚に頼らず、車が認識して音や振動などで運転手に知らせてくれるシステムができているのですから、全信号機から車に信号の情報を流すシステムの実現に時間が掛るのはやむを得ないとしても、その時点での信号の状況を音声などで知らせてくれる事は可能ではないかと思います。

　逆走行為をストップさせる事や、信号の（赤、黄、青）、一時停止、追い越し禁止、速度超過、侵入禁止などの情報を運転者にGPS情報とカーナビ情報を組み合わせて早目に伝え、運転者が対応しなければ、車の判断で車を止めるなど、最小限の安全対策を取る事が可能ではないかと考えます。

　現在日本国内のみならず、世界の各自動車メーカーがEV化を目指しており、日本でも2035年には全新車がEV化するとの国の方針が出されています。今後、地球温暖化対策問題を考えると、リチウムイオン電池から全固定電池や水素を使った燃料電池車などへのさらなる新技術開発が進められると考えられます。

また、自動車のハード面やソフト面において、自動車の定期的あるいは日常的な自動点検・調整システムや、自動運転車の実用化に向けて、例えば、航空機の点検・整備・部品の交換と同様のシステムの導入など、さらなる技術開発が進められると考えられます。

　今では、大型トラックの効率的な輸送手段として、貨物列車の様に先頭の車両だけに人が乗り、後続の車両は数ｍの間隔を保ちながら隊列を組んで移動するというシステムも研究されています。

　近い将来、EVの普及に伴い、路車間、あるいは車と車の間で情報交換ができる様になれば、自動運転の実用化も間近になってくると思われます。

　なお、ハード面のみでなく、自動車の運転手と自動運転車との責任のあり方、道路交通法のあり方などについても、様々な障害を早急に解決してゆかねばならないと思います。さらにその先には、ドローン技術などを活用した空飛ぶ自動車も、近い将来には実用化されると考えられています。

第3章

道路管理者等の安全への取り組み

3-1 高速道路の位置付け

　全国の複雑な地形の中、高速道路は、交通量や地形の条件、あるいは路線の重要度の位置付けなどにより構造規格が定められ、設計速度も最高は120kmから100km、80km、60km（一部区間のみ）、70km（暫定2車線区間）が用いられています。

　実際の運用に当たっては、道路交通法に基づき、標識などに指定されている区間を除き、最高速度が100km、円滑な交通を確保するために最低速度が50kmと定められています。これらは条件が良い時の速度であり、気象条件や地震などの災害時、あるいは工事のために車線を狭くする時は、状況に応じて速度が規制され運用されています。

　高速道路を利用される皆さんには、以上の道路構造、地域や地形、気象条件に応じた規制速度などの範囲内の速度で、十分余裕を持った車間距離を確保し、日本の大動脈として、安全・快適に活用される事を願っています。

3-2 高速道路利用のメリットとデメリット

　高速で走ることができる高速道路は、「通常何もなければ本来の高速道路」ですが、事故や渋滞が発生した場合、あるいは維持管理をするために規制などを行う場合は「拘束道路」になり、渋滞などが起きてしまいます。さらに、重大事故、地震、豪雨、豪雪などが発生して通行止めにする必要が生ずると、「梗塞道路」になってしまいます。

　高速道路には、以下の様なメリットやデメリットがあります。このため、本来の高速道路の機能を有効に維持するため、「車を造る人」、「道路を造り維持管理する人」、「交通を管理する人」「交通の指導・取締りなどをする人」、「道路を利用する人」が、それぞれの立場で常に最善を尽くす事が望まれます。

メリット

1) 早く大量に安全かつ定時に人や物を目的地に移動でき、国民生活や国民経済に対する効果は大きい。
2) 快適に走行できる。
3) 一般道に比べ事故率が低い。

デメリット

1) 高速道路は、有料制であり、特別の理由がない限り料金を払う必要がある（一般道が災害などにより

通行止めなどになり、他に代替え道路が無い場合や、災害救助・災害復旧などのため国が特別な理由があると判断した場合、法律で定められている特別車両などは例外になります）。

2）原則的に、出入りはインターチェンジのみ。

3）原則として本線上での駐停車は禁じられている。

4）事故率は低い反面、重大事故になる危険性が高い。

5）大渋滞や大事故の発生や、地震や降雨災害あるいは大雪に見舞われれば、通行止めを実施せざるを得なくなる。一旦事故が発生すれば、一般道よりも国民生活や経済にとっても大きな損失になりやすい。

　ただし、利用者にとって、有料制はデメリットです。しかし、国民経済的に考えて、無料にすれば一般道の渋滞対策や環境対策、料金徴収費用の削減、並行一般道の改良費用の削減、運転の効率化等のメリットがあり、欧米の高速道路の例を見ても、無料化の検討の余地は十分あるという考え方も出ています。

3-3 高速道路の建設と管理

　高速道路は、最新の技術を駆使してルートの選定から調査・設計・工事までが行われています。

　開通してからは、それぞれの構造物の特質などを踏まえ、日常点検や定期点検が実施されています。

　点検結果や各地で発生する地震や豪雨災害の経験、あるいは、事故などの原因などを踏まえ、その時点の最新の基準に基づき、順次補修や改良工事が行われています。

3-4 土木部の対策と対応

① 地滑り対策

　高速道路のルートを決める段階で、大きな地滑り地帯は膨大な費用を要するため、極力避けるようにするか、少しルートを変えて、トンネルか橋梁で計画されています。

　大きくルートを変えた例は、東北横断自動車道のいわき市内などにあります。

※参照➡ **9-6**（P.132）巨大地滑り対策で大幅なルート変更

② 落石対策

　高速道路上部の自然斜面や切土のり面から落ちてくる落石に対しては、落石防止柵や落石防止ネットで防止しています。特に大きな石に対しては、アンカーボルトで地面に縫い付けるか、現場で小さく砕いて外に持ち出しています。

③ 土砂崩落対策

　斜面に土を盛る場合は、表層部の軟弱部分を取り除き、固い地盤を出し、地下水が排出できるように必要な排水施設を施工してから、石や土を30cm程度の厚さ毎に敷均して、必要な密度になるまで転圧し、これを繰り返して道路本体を作り上げます。この場合、高

さ約10m毎に小段を設けます。

　山を掘削する場合は、山の安全な勾配がどの程度か
を調査した後、その勾配にて7m毎に小段を作りなが
ら切土を行なってゆきます。

④ 軟弱地盤対策

　軟弱地盤では、あらかじめ盛土を行なって、地盤を
圧縮してから盛土をしたり、地盤に穴を空けて、その
中に砂や紙を入れて地盤の中の水を抜いて地盤の滑り
を抑えたり、不等沈下を防ぐようにしています。

⑤ 大規模な斜面崩落や地滑り対策

　建設段階での詳細な調査や設計・施工、あるいは管
理段階で点検をしていても、異常降雨や地震などで、
大規模な土砂崩落や地滑りなどが発生してしまう場合
があります。

　このような場合は、後述する**6-1**の①**通行止め規制**
体制を敷きます。一般的には土砂を排除しますが、抑
止杭の打ち込みや、のり面アンカーなどで崩落しよう
とする土砂を抑え込む工法も用いられる場合がありま
す。

　なお、上記各種対策を実施後は、切土部、盛土部共
に、雨水や雪などからのり面を保護するため、のり面
排水対策と、のり面保護工を施工します。

3-5 ┃ 橋梁部の対策と対応

　高速道路の橋梁は、国やネクスコ総合研究所で定められた基準などに基づき調査・設計・施工がなされています。

① 落橋防止対策

　高速道路の古い基準で建設された橋梁について、阪神・淡路大震災などの経験を踏まえ、大きな地震に見舞われても落橋しないよう新しい耐震基準が制定されたため、以下の補強工事などが進められてきました。

①縁端拡幅

　橋台や橋脚の橋桁が乗る部分の幅が狭いため、大きな地震に見舞われた場合、橋桁が落下する恐れがある事から、所定の幅を確保する工事です。

②橋桁連結装置

　大きな地震に見舞われても、橋桁が落下しない様にするため、橋桁同士をワイヤーロープや鉄の棒などで少し遊びを持たせて常に連結しておくものです。

③移動制限装置

　橋台や橋脚から橋桁が落下しないように、橋台や橋脚と橋桁をワイヤーロープや鉄棒で連結。また、橋台

や橋脚の端部に、橋桁の移動を制限する突起物を設ける工事です。

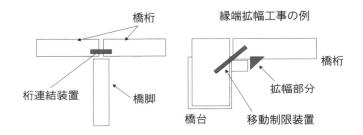

橋桁

縁端拡幅工事の例

橋桁

桁連結装置

橋脚

拡幅部分

橋台

移動制限装置

② 下部工補強対応

　新しい耐震基準に基づき、強度の足りない橋台や橋脚については、以下の方法などが取られています。

橋台・橋脚

　これらの断面の強度が足りない場合は、橋脚などの周りを必要な表面処理を行った上で、以下の方法が一般に採用されています。

　　① 　鉄筋を巻き立て、型枠を設置して、その中にコンクリートを流し込む。

　　② 　コンクリートの代わりに、鉄板を箱型に巻き付ける。

　　③ 　コンクリートの代わりに、炭素繊維などを巻き付ける。

橋台や橋脚の基礎など補強工事

　橋台や橋脚は、斜面や軟弱地盤の上あるいは河川の中に設置されている例が多くあります。これらの個所では、経年変化により斜面の浸食や崩壊により基礎が剥き出しになっている場合があります。

　また、河川の水流により、川底が浸食され、基礎杭などが表に出ている所もあります。この様な所では、地震に対しても強度が落ちています。現地の状況に応じて床固め工事やアンカー工事などを含めたのり面補強工事を行っています。

3-6 トンネル部の対策と対応

① トンネル本体

　トンネル本体は、断層が動かなければ地震に強いとされております。トンネル内を日常から点検して覆工コンクリートの劣化や亀裂、あるいは異常な湧水などがあれば、随時補修をしています。

　なお、笹子トンネルでの天井板落下事故に関する安全対策については、点検管理方法の見直しを行い、最新の点検結果に基づき、必要に応じた改良工事や補修工事が行われています。

② トンネル坑口

　トンネル坑口部付近は、上方に自然斜面が多い事から、土砂崩落や落石の恐れがあります。これらに対しては、トンネルを延長して坑口に想定される規模に応じた落石防止柵などを設置しています。

3-7 舗装部の対策と対応

1 高機能舗装

　20〜30年前の舗装は、轍堀（わだち）ができてスリップ事故（ハイドロプレーニング現象：轍に水が溜まると、水が関係してタイヤと路面の摩擦が無くなる現象）の大きな原因になっていましたが、最近の高速道路では、高機能舗装（排水性舗装：アスファルト舗装で、菓子のおこしのように中はスカスカになっており、水を通しやすくなっている）が一般化し、雨天時などにおける事故や走行時の騒音が大幅に減少しました。

2 コンクリート特殊路面舗装

　コンクリート舗装では、秋田自動車道の和賀仙人トンネル東坑口付近など、試験的に骨材洗出し工法（コンクリート骨材を表面に露出させる方法）という特殊な舗装が採用されている所もあります。この舗装は、雨の日の走行時の路面が滑りにくくなると共に、走行騒音が低減されることも特徴です。

3-8 | 交通管理施設

1 路面標示

　高速道路の路面上には、各種の路面標示がなされています。極力路面標示に従って運転して頂きたいと思います。特に矢印の表示ですが、矢印の方向のみに進んで下さいという意味です。

　なお、レーンマークの中に斜線が多数入っているゼブラマークの中は、車が通るところではありませんのでご注意下さい。

2 バイブロレーン

　特に事故の多い区間では、路面標示に凹凸を付けて、車がその上に乗ると音と振動を感じるように細工している所があります。

　また、車線の横断方向に溝を一定間隔に切ったり、特殊舗装をしたりして、速度超過や急カーブ、急勾配などへの注意を喚起している例もあります。

　また、一部の区間では、一般のレーンマークより反射性能の良い高輝度レーンマークが採用されています。

③ 中央分離帯乗り越え事故対策

　暫定2車線区間の中央分離帯乗り越え事故による死亡事故が多い事から、国土交通省を中心にネクスコ3社も含めて検討委員会が設けられ、いくつかの対策を現地に設置し、その効果を確認してきています。

　その対策の1つが中分柵の設置です。いくつかの課題はあるものの、死亡事故は確実に減少しているとの報告があります。

暫定2車線の中分柵の試験施工例

3-9 情報提供と設備

① 車間距離など確認のための標識

　インターチェンジから本線に入って早い場所には、車間距離を認識してもらうための表示板が設置してあります。車線中央には白の破線が表示されていますが、白い線の長さが8m、その空白区間が12mで合計20mとなっており、白線5個で100mの車間になります。

　また。中央分離帯側、あるいは路肩側には「キロポスト」と呼ばれる表示板があり、1km毎に少し大きな数字が書かれた表示板と、100m毎に小さな表示板が設置されています。この数字は道路の起点からの距離を示しており、その場所の位置が分かります。従って、これらにより車間距離の確認ができ、目的地の数字が分かれば目的地までの距離を簡単に求める事ができるのです。

　さらに、路肩や中央分離帯側に後述する視線誘導標などのポールが立っています。参考にして走行してください。

② 電光情報板とハイウェイラジオ

　高速道路では、電光式情報板、ハイウェイラジオなどからの情報提供の他、各種の方法で、交通情報が提供されています。

　また、休憩施設には、情報を提供するコーナーや窓口が設けられており、各種の情報を得る事ができます。

　最近では、多くの人が所持している携帯電話を活用して最新の道路情報を入手し、カーナビと一体化し活用できる様になっています。

③ 視線誘導設備など

　高速道路の走行は天気の良い日中だけでなく、夜間や濃霧、降雨、雪、地吹雪など、全ての時間帯において交通を確保しなければならないため、円滑に交通が確保できる様に、視線誘導標（デリニエーター）や路面の照明などを行っています。

1）反射式視線誘導標

　反射式のデリニエーターが路肩側と中央分離帯側に40m毎に設置してあり、通行車両のヘッドライトの反射光を利用しています。

2）自発光式視線誘導標

　自発光式デリニエーターは、通常の反射板の代わりに、より目立ちやすくするために点滅式のLEDランプなどを使っています。濃霧の出やすい区間、地吹雪の激しい区間、道路のカーブの半径が小さく事故の多い

個所、降雪や降雨の強度が大きい区間などに設置されています。

3）道路照明
　道路の分岐点や明暗の変化の激しいインターチェンジ、休憩施設周辺及びトンネル内外、その他特殊な橋梁において、昼間と同様の効果を出すために照明がなされています。

④ 逆走防止設備
　高速道路を利用されるお客様が、全線一方通行の道路を誤って逆走してしまう重大事故が起きています。このため、逆走防止のための侵入禁止標識、休憩施設内での公報や看板、路面標示および合流部などにおけるポストコーンの設置などの対応がされています。
　また、逆走車を検知して、電光掲示板で知らせるなどの対策を取っている例もあります。なかなか有効な対応策が無いため、各種の対応策が試験されているところですが、まだ結論は出ていません。
　詳細については、「国土交通省高速道路での今後の逆走対策に関するロードマップ」を参考にして下さい。
　なお、インドやアメリカでは、器械的な方法で逆走できない装置（順行車は装置を踏むことによりブロックが下がり、そのまま走行できる）を導入している例

主な逆走対策の例

本線

流入ランプ　流出ランプ
インターチェンジ

本線部への合流部
（ネクスコ中日本HP）

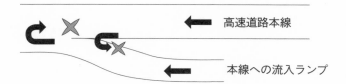

高速道路本線

本線への流入ランプ

も見られます。

　なお、逆走車に出会った場合、あるいは逆走をして
いる事を知った場合は、**第1章1-2**の①（P.19）**逆走
車に遭遇した場合及び**②（P.22）**自分が誤って逆走し
ていた場合**を参照して下さい。

⑤ 道路&交通状況の把握

　高速道路では、交通管理隊による定期巡回、土木や施設職員などによる巡回点検などが行われており（頻度は、路線、区間、交通量などにより異なります）、高速道路利用者からの電話などによる通報などを含めて適宜情報収集を行い、高速道路管制センターを通して広報しています。

　なお、多くの管理事務所では、年に1回、職員及び関係者により、全線にわたり徒歩による定期点検が行われ、道路本体の安全対策や、交通安全対策に活用されています。

3-10 │ 高速道路交通管理隊

　高速道路においては、一般の道路と異なり、一部例外もありますが、道路の維持管理のための点検補修をする職員の他に、交通管理隊（高速道路の交通を管理する人）と称する組織があります。

　この交通管理隊は、24時間体制で巡回を実施しており、必要に応じて緊急出動をして以下の業務を行っています。

① 　渋滞状況を含む交通流の状況の把握、道路上への落下物などの回収、故障車や事故車などの安全確保、道路損壊個所などの応急規制。
② 　過積載車両など、車両制限令に違反する車両の取締り。
③ 　高速道路の交通安全啓発活動、高速道路利用者への援助。

　なお、交通管理隊からの情報は、道路管制センターを通じて情報板やハイウェイラジオあるいは携帯電話などで随時伝えられています。

3-11 高速道路交通管制センター

　高速道路交通管制センターには、警察庁管区警察局高速道路管理室（北海道や沖縄を除く）や施設制御室が併設されており、24時間体制で管内の高速道路に関する事故や渋滞などの交通状況、地震情報を含む気象情報、道路施設の異常などのあらゆる情報が集積されており、センター職員がそれぞれの所掌に応じて、関係者に通報や指示を出しています。

　また必要な情報を電光掲示板やハイウェイラジオなどにより高速道路利用者に通知すると共に、関係報道機関などへ情報提供を行っています。

　ネクスコ3社の管内には、札幌、仙台、岩槻、新潟、八王子、川崎、金沢、一宮、吹田、広島、高松、太宰府の12個所に高速道路交通管制センターが設けられています。

第4章

交通管理者の対応

4-1 | 警察庁管区警察局高速道路管理室

　北海道、沖縄を除き各都道府県警の一元化を図る等の目的で高速道路管制センターに警察庁管区警察局高速道路管理室が全国に11個所設けられています。

　なお北海道、沖縄の管制センター等にはそれぞれの道・県警察職員が配置されています。

4-2 | 高速道路交通警察隊

1）高速道路交通警察隊は、各都道府県警察本部交通部に設置されている執行隊です。

2）高速道路及び自動車専用道における交通事故・事件の捜査、交通指導・取締りなどを管轄しており、24時間体制で対応しています。

3）速度の取締り：自動速度取締り装置（門柱の上のレーダーで検知するものと、路面の中に埋め込んだコイルで検知するものがあります。）の設置位置を最近のカーナビでは教えてくれる装置もあり、道路に「自動速度取締り装置の設置区間」などと道路標識で注意を喚起している装置もあります。また、休

憩施設区間などの本線を通行止めにして、通行車を休憩施設に呼び込み、いわゆる「ネズミ捕り」を実施する例もあります。一般的には、重大事故を防止するためのものであり、制限速度を大幅に超えた悪質な車両が取締りの対象の様です。

4）事故防止、速度違反やシートベルトの着用などに関する、交通安全啓発キャンペーンなどを行っています。

5）高速道路交通警察隊の区域は、通常の都道府県警察の管轄境界と異なり都府県境を越える最初のインターチェンジまで設定される場合もあります。なお、一部の都道府県では、一般道の部分も区域に入っている場合もあります。

4-3 ┃ 事故防止対策の実施

　高速道路交通警察隊は、事故が発生すると事故原因を究明します。その内容に応じて、道路管理者（独立行政法人日本高速道路保有・債務返済機構：ネクスコは受託者）や、国土交通省と共に対応策を検討して、それぞれが可能な対策なのかと、その効果などを早急に究明して、対応策を実施していくことになります。

　各種事故防止に関する広報や、各種の逆走防止対策や暫定2車線のはみ出し防止対策などがその例です。

第5章

道路の異常事態への対処

　高速道路では、通常業務の他に、以下の異常事態などが発生または想定されており、各種の対策が検討され、実施されている例もあります。

　①豪雪、②火山噴火、③大規模な地震津波災害、④大規模な土砂災害、⑤トンネル内多重事故や火災事故、⑥地吹雪や濃霧などによる多重事故、⑦タンクローリーなどの事故による油や毒物や毒ガスの流出事故、⑧大型バスなどの多人数死傷事故、⑨放射性物質の散乱事故、⑩道路構造物の大規模損傷など。

　以上の中で、いくつかについて対応策の例や考え方を紹介させて頂きます。皆さまにとっては、実際に遭遇される方は極めて少ないと思いますが、以上の事象が発生して当事者になれば、避けて通る事はできません。その時は是非本書を参考にされて、事態の解決にご協力をお願いしたいと思います。

5-1 豪雪対策

　大雪に見舞われると予想される場合、本格的な除雪作業体制に入ります。高速道路では、高速で長距離を

走行するため、暖かい地域からの車が積雪の多い地域に来る場合があり、降雪対策の準備をしていない車や、雪道に慣れていない運転者が混在する場合が多いのが大きな問題になっています。このため、暖かい地域から雪の降る地域に来る運転者は、気象情報を確実に入手し、情報に応じてスタッドレスタイヤを装着するなり、さらにチェーンを携行するなど必要な雪対策をした上で運転して頂きたいと思います。

　なお、休憩施設に駐車した場合や、高速道路上で渋滞などに巻き込まれて本線上に駐車した場合に、積雪が20cm程度を超えた状態で、エンジンを動かしていると、マフラーが雪で詰り、排気ガス（有毒な一酸化炭素ガス）が車内に入り込み乗員がガス中毒になり、非常に危険な状態になります。

　この様な状態の時は、エンジンを駆動させない事ですが、やむを得ない場合は、マフラーの周辺を定期的に除雪するなど細心の注意が必要です。

　高速道路の道路管理者はそれぞれの地域に応じた雪氷体制を組んで、路面の凍結対策や除雪対策に取り組んでいます。中でも特に重要なのは、想定を超えた大雪が降る場合ですが、国の大動脈として、極力通行止めをしないで如何に交通を確保するかという事です。

　この時は、当然ながら非常態勢のもとに大動脈の確保に取り組む事になります。過去には、定時梯団除雪誘導方式（区間を限って除雪車を先頭に定時に安全速

度で一般車両を誘導して交通を確保する方式）が採用された例があります。

5-2 ▏ 火山対策

　日本は火山の国ですから、昔から火山とは付き合ってきましたが、最近では、九州の雲仙普賢岳及び桜島、北海道の十勝岳及び有珠山、御嶽山、箱根山、浅間山及び岩手山などにおいて、噴火や水蒸気爆発などが発生しています。

① 有珠山噴火対策

　有珠山は2000年3月29日から噴火が始まり、31日の噴火では、道央道でも路面（本線隆起や移動）、橋梁及びトンネルが被害を受けています。この時は大量の降灰はありませんでした。

　この噴火では、2000年3月29日から長万部IC〜室蘭IC間が通行止めになり、途中数個所の緊急避難路を設置するなど復旧を進め、最終的には虻田洞爺湖IC仮出入口〜虻田洞爺湖IC間が2001年6月30日に開通して道央道が全線開通しました。

　この噴火では接続道路である国道230号が大きな被害を受け、ルートを変更したため、2007年12月に虻田洞爺湖ICの位置が変更されています。

有珠山火山防災マップ

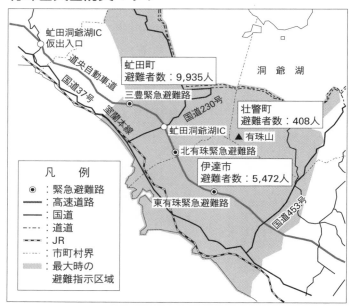

虻田洞爺湖IC
仮出入口

道央自動車道

国道37号

室蘭本線

三豊緊急避難路

虻田町
避難者数：9,935人

国道230号

虻田洞爺湖IC

北有珠緊急避難路

洞 爺 湖

壮瞥町
避難者数：408人

▲ 有珠山

伊達市
避難者数：5,472人

東有珠緊急避難路

国道453号

凡　　例
◎ ：緊急避難路
── ：高速道路
── ：国道
─‐─ ：道道
‐‐‐ ：JR
‥‥ ：市町村界
▨ ：最大時の
　　避難指示区域

② 岩手山噴火対策

　東北道の岩手山が1998年頃から地震や噴気が活発化して噴火の兆候があるとされ、岩手山火山防災マップが公表されました。これによると、東北自動車の盛岡ICから松尾八幡平IC間で、溶岩流、火山泥流が発生し、火山灰が40cmから10cm降ると想定されました。

　これを受けて、色々な対応策が検討されましたが、現在のところ山は静穏を保っているようです。また、

上信越道でも浅間山の噴火の兆候が現れましたが、現在のところ静穏が保たれているようです。ここでは岩手山の噴火対策を例に紹介します。

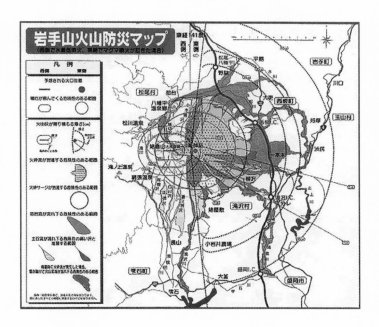

想定される被害

1) 火砕流：積雪期に火砕流が発生（頂上から時速100km程度で流下）。
2) 火山泥流：西根IC〜岩手山SA間の渓流を流下。
3) 火山灰：滝沢IC〜岩手山SA（30〜40cm）。

道路管理側の対応計画

1）予知情報により、盛岡IC〜松尾八幡平IC間の通行
　止め、岩手山SAは閉鎖して全員避難。

2）積雪期の火砕流対策として通過想定区間を現地中
　央分離帯に表示（緊急時に表示区間外に避難しても
　らう）。

3）火山灰は、除雪車で路肩に寄せた後、ショベル
　カーとダンプで捨て場に搬出（事前に捨て場を想
　定）、その後スイーパーで清掃します。なお、火山
　灰が雨に会うと水分を含み扱いが非常に困難になり
　ます。フロントガラスのワイパーを作動させると確
　実に窓に傷が付きます。大量の水で洗い流すかエ
　アーで飛ばす必要があります。

4）道路側などからの情報提供

　① ラジオ再放送設備

　② ハイウェイラジオ

　③ 電光掲示板

　④ 携帯電話からの交通情報

　⑤ 一般ラジオ放送の交通情報

　⑥ 休憩施設での広報

③ 富士山噴火対策

　最近、富士山は宝永の大噴火（1707年）以来300年もの間、噴火が発生しておりません。東南海地震発生との関わりがある可能性もあると言う人もいます。最近噴火を想定したハザードマップ（静岡大学防災総合センター）が出されております。このハザードマップによると、東名、中央、圏央道などの神奈川県の大半及び静岡、山梨県の多くの地域で10cm以上の火山灰が降るとされています。

　山梨県富士山科学研究所と防災科学研究所の研究グループの走行試験結果では、降灰があると以下の状況になるとされています。

富士山噴火火山防災ハザードマップ（降灰）

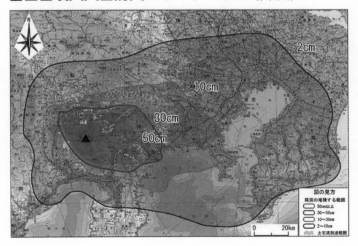

①　道路上に10㎝以上の降灰があると、2輪駆動車は走れなくなります。
②　灰が1㎝積もると、特に降雨中に制動距離が3倍になります。
③　灰が0.1㎝以上積もると、カーブでの通常速度ではコースからはみ出していました。
④　火山による降灰があると、視界が悪くなると共に気化器などから灰が入るなどしてフィルター、オイル、ウォッシャー液などの頻繁な交換や補充が必要になります。

　なお、10㎝以上の降灰があると、送電線に着灰して送電が不可能になったり、浄水場の取水や浄水処理が困難になったりして、住民生活や企業活動あるいは情報収集系統に重大な影響を与える事が予想されます。
　道路管理者側としては、灰の処分場の確保など降灰を如何に処理していくかが今後大きな課題となります。

5-3 道路の異常事態対応

　高速道路上では、豪雪や火山噴火以外にも様々な災害が発生する可能性があります。

1 地震・津波対策

　最近発生したトルコ地震や近いうちに発生が予想される東南海地震などの津波対策は、高速道路でも避けては通れないと思われます。最近は阪神・淡路大震災や東日本大震災の経験を踏まえ、かなりの耐震対策を進めてきています。今後は、地震が発生した場合、電気、ガス、水道、自動車用燃料の確保、通信設備の損傷及び避難者の対応などが非常に混乱する事は避けられないと考えられます。

　これらに対して、高速道路の管理者や道路を利用される人は、いつでも状況に応じた対応がされる事を期待されていると思われます。

② 様々な災害に備えて
災害が発生した場合は
1) 情報収集体制：高速道路管制センター
2) 災害対策本部の設置・運営：関係機関との連絡
3) お客さま対応：通行止め、負傷者の救助・搬送、残留車両の移動及び援助
4) 緊急点検：被害状況の把握（ヘリコプター、ドローンの活用）
5) 緊急輸送路の確保（緊急復旧）：最低1車線（場合によっては中央分離帯開口部の活用）を、救援物資や資機材の緊急輸送路として活用、応急復旧のための資機材や車両の通行路
6) 応急復旧路の確保：4車線以上の道路は原則としてそれぞれ片側1車線を開放：状況により一般車も開放
7) 仮復旧路の確保：一般車への開放、本復旧のための道路として活用

緊急時に備えた体制
　緊急時に必要となる作業人員、技術者、学識経験者及び資機材や車両などについて日頃から「いざ」という場合、どこからどの様に調達するか計画する。
　特に、緊急の場合、建設機械やトラックなどの運転手は、夕方以降酒を飲んでしまう事が多いので、要員の確保が難しくなることがあります。予想がつく場合

は、最低限の事前の対応が行われています。

　東日本大震災のような大災害は、全組織を挙げて取り組むのは当然として、外部からの応援も非常に重要になります。

1）資機材、人員、建設機械及び燃料の確保体制
2）土砂崩落の場合の土取り場、土捨て場の確保（地域毎に候補地を選定しておく）
3）大規模な人身事故などが発生した場合の体制確保
4）オイルフェンス、オイル吸着マット、化学薬品処理剤の整備又は確保体制の整備

※トリアージ（傷病の緊急度や重症度に応じて治療優先度を決めること）などについては**コラム 11**（P.152）トリアージとは　を参照

5-4 ┃ 一般国道等の代替え機能

　高速道路は、一般国道などが大規模な災害などにより長時間に亘り通行不能などの状況になった場合、高速道路が通行可能な場合は、緊急事態対応などとして、国の指示により、緊急自動車や一般車両も無料で通行できる様にできるとされています。

第6章

高速道路の交通規制

6-1 車線規制の手順

　高速道路上で事故が発生し事故処理が必要な場合、工事を行う必要がある場合、あるいは道路上の障害物を取り除く必要がある場合などは、安全に作業を行うために、交通規制を行ってから工事などを行います。
　規制の種類は規制する場所によって、大きく分けて以下の5つになります。規制情報や渋滞情報は携帯電話でそれぞれのネクスコの「規制・渋滞情報」を検索すれば情報を得る事ができます。

1 走行車線規制

　走行車線を規制するもので、片側3車線以上の場合は、2車線を規制する場合もあります。

2 追い越し車線規制

　一番内側の追い越し車線のみを規制するものです。

3 通行止め規制

　上りまたは下りの全車線を通行止めにする規制で

す。休憩施設やインターチェンジやジャンクションの
出入り口やランプの場合もあります。

④ 対面2車線規制

　上りか下りの片側を全面通行止めにして、残りの反
対側の車線を利用して上りと下りに分けて交通を確保
するものです。なお、対面2車線の道路においては、
片側交互通行規制が行われます。

⑤ 路肩規制

　路肩の通行を規制するものです。規制方法は、規制
場所の条件により多少異なりますが、概ね以下のよう
な手順で行われます。

1）道路情報板に「規制情報」が表示されます。
2）規制予告標識が設置されます。
3）規制開始場所には、速度規制標識や各種の規制標
　　識が設置されます。
4）規制標識から概ね10〜20m毎に、矢印板を走行
　　車に正面を向け斜めに5〜10枚程度配置し、以降
　　はラバコンを20m毎にレーンマークに沿って工事
　　区間内に配置します。
　　　矢印板の最後付近に（規制内に居眠りなどで侵入
　　して来る車両に対し振動で警告する用心棒などの配
　　置例もあります）標識車や回転式の注意喚起器具、

監視員などを配置します。なお、規制材などの撤去は設置の逆に下流側から行います。

　なお、交通規制に関して、以下の様な広報を行っています。

1）お出かけ前には、最新の交通情報を確認して下さい。
2）渋滞末尾では、ハザードランプを点灯して下さい。
3）規制区間内、外を問わず、必ず適切な車間距離を確保して、かつ規制速度を遵守して走行して下さい。
4）規制区間内では、工事用車両の出入りに注意して下さい。

第7章

救急救命法

　日常生活においても必要ですが、車を運転していれば、同乗者や周りの人が事故の被害者になり、救急救命措置を行う必要になる可能性が大きくなります。

　この様な場合、救急車が到着するまでの間、その場にいる人が最低限の措置を行う必要があります。救急救命法の講習は、勤め先によっては受けている人もいると思いますが、まだまだ十分とは言えません。特に職業ドライバーの皆さんは、機会があれば是非講習を受けておいて頂きたいものです。

7-1 ┃ 心肺蘇生法 ┃ （心臓マッサージと人工呼吸）

※公益社団法人日本医師会のホームページを参照。

① 安全を確認する

　まず、慌てず負傷者付近の安全を確認します。安全でなければ、近くに人がいれば協力を依頼し、発煙筒や三角表示板を配置し、車の往来があれば交通監視誘導や携帯電話で#9910に電話を入れ、対処方法について指示を受けましょう。

　安全が確保され次第、次の処置を行いましょう。携帯電話の場合、スピーカーで聞こえる様にすると、作業がスムーズに行えます。

② 反応を確認する

① 傷病者の肩をやさしく叩きながら、大声で呼びかける。

② けいれんのような動きは「反応がない」と判断する。

　※反応（目を開ける、何らかの応答、目的のある反応）がある場合には、状況に応じた体位をとらせる。

③ 傷病者に反応がない場合、判断に迷う場合、又は分からない場合は心停止の可能性ありと判断する。

111

④　周りの人に応援を要請して、人がいれば、#9910
　番あるいは119番に連絡してもらうなり、AEDを
　持って来てもらうお願いをする。協力者がいない場
　合は、自分で連絡を取る。

AEDの所在場所

　全国の高速道路の料金所、休憩施設の多くにはAED
が配置されています。また、携帯電話をお持ちであれ
ば「日本全国AEDマップ」で検索すれば、全国何処に
いても、AEDの所在地が分かります。ぜひ、利用して
頂けたらと思います。ただし、設置してある施設が営
業時間外の場合は利用頂けない場合があるかもしれま
せんので、ご確認下さい。

⑤　胸と腹部の動きを見て普段どおりの呼吸があるか
　10秒以内で確認する。
⑥　胸と腹部が動いていない場合、または約10秒か
　けても判断に迷う場合、又は分からない場合も、心
　停止とみなして、直ちに胸骨圧迫を開始する。
　※しゃくりあげるような、途切れ途切れの呼吸は、普段
　　どおりの呼吸ではありません。

③ 胸骨圧迫を行う

　乳首と乳首の真ん中を、両手を重ねた真上から、大
人の場合には5㎝程度沈み込むように、毎分100〜

120回の速さで30回押したら、人工呼吸を10秒行い、これを救急隊が来るまで続ける。周りに人がいる場合は、2分程度で素早く交替する。

4 人工呼吸を行う

気道確保

片手を額に当て、もう一方の手の人差し指と中指を、あごの先端の骨に当てます。頭をやさしくうしろに反らせます。

人工呼吸

気道を確保したまま、額に当てた手の指で、傷病者の鼻をつまみ、自分の口を大きく開けて傷病者の口をおおい、傷病者の胸が上がるのがわかる程度まで息を吹き込みます。なお、ハンカチなど薄い布を代用しても結構です。（※フェイスシールドマスクがインターネットなどで安く購入できますので、興味のある方は、普段から持っていても良いと思います）

※1回に1秒をかけて、2回吹き込みます。

※人工呼吸の仕方が分からない時や、手もとに感染防護具がなく、人工呼吸をためらう時は、胸骨圧迫のみを続けてください。

ただし、窒息、溺水、子どもの心停止の場合などでは、人工呼吸と胸骨圧迫を組み合わせた心肺蘇生を行うことが望まれます。マスクをしている時は、マスクをしたまま行いましょう。

5 心肺蘇生を続ける

　胸骨圧迫30回と人工呼吸2回（この組み合わせを「心肺蘇生」と言います）を絶え間なく続けます。

　傷病者が普段どおりの呼吸を始める、あるいは目的のあるしぐさ（手を払いのける、顔をしかめるなど）が認められるまで、あきらめずに心肺蘇生を続けます。

※心肺蘇生を行っている途中で救急隊員など熟練した
　救助者が到着しても、心肺蘇生を中断しない。

7-2 ┃ 直接圧迫止血法

　出血している傷口をできるだけ高い位置に上げ、ガーゼやハンカチなどで直接強く押さえて、しばらく圧迫する事で止血を行います。この方法が最も基本的な止血法であり、多くの出血は、この方法で止血できます。まず直接圧迫止血法を行い、さらに医師の診療を受けるようにします。

※止血する時は、救助者はできる限りビニール手袋やビニール袋を使用し、感染予防に努めます。

※日本赤十字社資料参照

7-3 ┃ 止血帯止血法

　出血が激しい場合など、直接圧迫止血法でも効果が無い場合に、出血している上肢または下肢に対して帯状のもの（止血帯）を使用して止血する方法です。この方法は、神経などを痛める危険性がありますので、安全かつ適切に実施できるよう、手当について十分習熟しておくことが必要です。

※日本赤十字社資料参照

7-4 ┃ 骨折の応急処置

1) 骨折した部分を動かさないようにして、患者を安全な場所に移動させる。骨折した手足の末梢を観察できるように、手袋や靴、靴下などをあらかじめ脱がせておきます。

2) 傷があれば、先に傷の応急処置を行います。

3) 板や傘、雑誌、毛布、定規など、副木に使えそうなものを探します。骨折部が屈曲している場合、無理に正常位に戻そうとせずそのままの状態で骨折部の上下の関節を含めて副木で固定します。

4) 包帯は副木が動かない程度に、きつすぎず、ゆるすぎず巻くのがコツ。固定後は、傷病者の最も楽な体位にします。腫れを防ぐために、できれば患部を高くします。

5) 全身を毛布などで包み、保温します。

第8章

特徴のある高速道路&施設

　高速道路上には、言うまでもなく利用者が高速道路を降りることなく、給油や休憩ができるように、各種の休憩施設が設置されています。皆様が高速道路を利用されるに当っては、出発前に少なくとも大まかな計画を立ててこられると思いますが、計画を作成されるに当たって、参考になるような情報を以下に用意しました。

　以下にご紹介させて頂く施設などは、執筆時点での施設であり、皆様がご利用される時点とは異なる事があるかもしれませんので、ご利用頂く場合は、携帯電話などで確認して頂けたらと思います。

➡ネクスコ３社の HP 参照

8-1 │ 温泉（浴場）施設のある休憩施設

[1] 寒河江SA上・下（山形自動車道）
　　●寒河江花咲か温泉 ゆ〜チェリー
　　【営業時間】全日：6:00〜22:00

[2] 諏訪湖SA上・下（中央自動車道）
　　●ハイウェイ温泉諏訪湖
　　【営業時間】平日：10:00〜22:00
　　　　　　　　土日祝日：9:00〜22:00
　　　　　　　　※下りは全日：10:00〜21:30

[3] 足柄SA上・下（東名高速道路）
　　●足柄浪漫館　あしがら湯
　　【営業時間】全日：12:00〜翌10:00
　　　　　　　　※下りは全日：10:00〜翌8:00

[4] 多賀SA下（名神高速道路）
　　●レストイン多賀
　　【営業時間】全日：12:00〜翌10:00

[5] 刈谷PA上・下（伊勢湾岸自動車道）
　　●天然温泉かきつばた
　　【営業時間】平日：9:00〜23:00
　　　　　　　　土日祝日：7:00〜22:00

6 徳光PA上・下（北陸自動車道）
　●時任海浜温泉おつかれさま
　【営業時間】月曜以外：5:00〜22:30
　　　　　　　　月曜：10:00〜22:30

7 城端SA上・下（東海北陸自動車道）
　●桜ヶ池ヘルシー温泉
　【営業時間】全日：6:00〜22:00

8 美濃加茂SA上・下（東海環状自動車道）
　●里山の湯
　【営業時間】全日：10:00〜22:00

9 吉野川SA上・下（徳島自動車道）
　●美濃田の湯
　【営業時間】火曜日以外：10:00〜21:00

10 石鎚山SA上・下（松山自動車道）
　●椿温泉こまつ
　【営業時間】9:00〜11:30、15:00〜21:30

11 海ほたる上・下（東京湾アクアライン連絡道）
　【営業時間】全日：8:00〜19:00
　　　　　　　※足湯のみ

8-2 宿泊施設のある休憩施設

① 足柄SA上（東名高速道路）
　●レストイン（全38室）

② 豊田上郷SA下（東名高速道路）
　●ファーストラウンジ豊田上郷（全32室）

③ 多賀SA下（名神高速道路）
　●レストイン多賀（全25室）

④ 長者原SA下（東北自動車道）
　●ファミリーロッジ旅籠屋長者原店（12室）

⑤ 寒河江SA上・下（山形自動車道）
　●ファミリーロッジ旅籠屋寒河江店（14室）

⑥ 佐野SA上・下（東北自動車道）
　●ファミリーロッジ旅籠屋佐野SA店（15室）

⑦ 城端SA上・下（東海北陸自動車道）
　●桜ヶ池クアガーデン（全17室）

⑧ 宮島SA上（山陽自動車道）00
　●ファミリーロッジ旅籠屋宮島SA店（15室）

⑨ 壇之浦PA下（関門自動車道）

　●ファミリーロッジ旅籠屋宮島SA店（14室）

8-3 ┃ シャワー施設のある休憩施設

① 安積PA上・下（東北自動車道）
　【営業時間】全日：24時間営業

② 中井PA下（東名高速道路）
　【営業時間】全日：10:00～24:00

③ 鮎沢PA上（東名高速道路）
　【営業時間】全日：09:00～23:00

④ 牧之原SA上・下（東名高速道路）
　【営業時間】全日：24時間営業

⑤ 豊田上郷SA下（東名高速道路）
　【営業時間】全日：24時間営業

⑥ 駿河湾沼津SA上・下（新東名高速道路）
　【営業時間】全日：24時間営業

⑦ 静岡SA上・下（新東名高速道路）
　【営業時間】全日：24時間営業

⑧ 掛川PA上・下（新東名高速道路）
　【営業時間】全日：24時間営業

⑨ 浜松SA上・下（新東名高速道路）
　【営業時間】全日：24時間営業

⑩ 岡崎SA上・下（新東名高速道路）
　【営業時間】全日：24時間営業

⑪ 諏訪湖SA上・下（中央自動車道）
　【営業時間】全日：10:00〜22:00
　　　　　※下りは全日：10:00〜21:30

⑫ 多賀SA下（名神高速道路）
　【営業時間】全日：12:00〜翌10:00

⑬ 伊吹PA上（名神高速道路）
　【営業時間】全日：24時間営業

⑭ 草津PA上・下（名神高速道路）
　【営業時間】全日：24時間営業

⑮ 鈴鹿PA下（新名神高速道路）
　【営業時間】全日：24時間営業

[16] 刈谷PA上・下（伊勢湾岸自動車道）
【営業時間】平日：9:00〜23:00
　　　　　※土日祝日：7:00〜23:00

[17] 徳光PA下（北陸自動車道）
【営業時間】全日：9:00〜19:30

[18] 安積PA上・下（東北自動車道）
【営業時間】全日：24時間営業

[19] 長良川SA下（東海北陸自動車道）
【営業時間】全日：24時間営業

[20] 淡河PA上・下（山陽自動車道）
【営業時間】全日：24時間営業

[21] 瀬戸PA上（山陽自動車道）
【営業時間】全日：24時間営業

[22] 小谷SA下（山陽自動車道）
【営業時間】全日：24時間営業

[23] 佐波川SA上（山陽自動車道）
【営業時間】全日：24時間営業

24 吉志ＰＡ下（九州自動車道）
　【営業時間】全日：8:00〜20:00

8-4 高速道路の 最高速度120㎞/hの区間

　例外的に下記の区間では、120㎞/hの最高速度が認められています。ただし、大型貨物自動車の最高速度は80㎞/hとなっています。

（※2022年10月22日現在）

高速道路名	運用区間	管轄
東北自動車道	花巻IC〜盛岡南IC	岩手県警
東北自動車道	岩槻IC〜佐野藤岡IC	埼玉、栃木、群馬県警
新東名高速道路	御殿場JCT〜浜松いなさJCT	静岡県警

候補区間

　下記の区間は、設計速度120㎞/hで6車線区間でありますが、都市近郊で1日の交通量が8万台以上の区間もあり、決定は各県の警察や公安委員会により判断されることになります。一部区間で110㎞の試験運用実施。　（※自動車情報誌「ベストカーWeb」参照）

高速道路名	運用区間	管轄
常磐自動車道	柏IC〜水戸IC	千葉、茨城県警
東関東自動車道	千葉北JCT〜成田JCT	千葉県警

125

第9章

高速道路よもやま話

　高速道路の建設・管理に長年従事してきて、独断と偏見ですが、この様な面白い事や珍しい事があったということを、「高速道路よもやま話」として取り上げてみました。最後に、鉄道の「鉄たび」ではないですが、高速道路の上だけでなく、高速道路を取り巻く周辺についても興味を持って頂き、安全に旅をお楽しみ頂けるような提案をさせて頂きました。

9-1 のり面除草のために羊を飼う

　高速道路ののり面の植生管理を、ヤギをのり面で飼うことにより、効率的にできるかどうかについて試験が行われました。場所は栃木県内の東北自動車道の上下線を挟んで遮音壁の外側の4区画で行われました。

　ヤギの草刈能力は1頭当たり10〜20kgとされ、1頭当たり1日12〜13㎡の草を食べてくれる計算になるので、放牧すると植生の遷移がなくなります。

　加えてヤギの踏圧は300kg内外とされ、この放牧後、のり面の凹凸や崩壊不安定要因も見られず、踏み固め効果が認められたとの報告がされています。

　また副次的効果として、ネズミの生息が無くなり、地元住民同士の「ふれあい効果」も高まったとされています。以上の結果より、飼育管理、放牧施設及び地元感情などに大きな問題点は無いとされています。

　今後は放牧インターバル、少頭数定住方式、芝生管理のための放牧方法、動物の忌避植物を使った造園の設計などの検討が必要とされています。

　なお、上記と同様の目的で八戸自動車道では比内鶏を飼育した例もあると聞いています。

（参考文献：芝草研 j.jpn.soc.turfgrass.sci32（1）芝生地の生態的管理と地域コミュニティの形成の可能性　大泉紀男・松島由貴子）

9-2 ┃ エコロード

　エコロードとは、自然環境に配慮した道路のことを言います。ネクスコ3社では、高速道路の建設・管理に当たり、のり面の樹林化や既存林の保全あるいは既存の希少動植物の保全など、過去30年間にわたり自然環境の保全に取り組んできました。

　ネクスコ総研（株式会社高速道路総合技術研究所）では、これらの事例やモニタリングの結果を取りまとめて解説した「エコロードガイド」を発行しています。これらの取り組みが地域の皆さんに理解され、継続されることが望まれます。

エコロードの一例、
錦秋湖を通る秋田自動車道

9-3 │ 中央構造線貫通したトンネル

　四国の高知自動車道の下り線の最初のトンネルとなる法皇トンネルの坑口から約100m程度入った所から約200mまでの区間（上り線であれば出口手前200mから100m手前の区間）が、関東から九州まで連続して存在する世界第一級の断層である「中央構造線」を潜っている個所になります。

　日本の活断層は、マグニチュード7以上の地震が予想されるものだけでも40個所程度あります。1891（明治24）年の濃尾地震（この地震では、水平に約7mずれた断層が国の特別天然記念物となっています）や、1995（平成7）年の阪神・淡路大震災など、その活断層は全国に広く分布しており、道路や鉄道網の多くはこれらの断層を横断あるいは縦断しています。

　四国付近における中央構造線の活動度は、1000年間で最大8mと推定されており、この断層が動いた場合は、マグニチュード7以上の地震になると考えられています。

　なお、最近のトルコ地震では、断層が9m以上ずれたとされています。断層の部分では、トンネルや橋梁も大きな損傷を受ける可能性はあります。新幹線では早期地震検知警報システム「ユレダス」を導入して、これが作動した場合、直ちに列車を止める手筈になっています。高速道路上では「緊急地震速報」を入手したり、大きな振動を受けたら速度を落とし、安全な場所に移

動することが重要です。なお、坑口付近や断層部分を
除いて、トンネル内は比較的安全な場所と言われており
ますので、落ち着いて行動して頂けたらと思います。

中央構造線を貫通する法皇トンネルの坑口

9-4 ▎石灰岩地帯の空洞対策

　中国自動車道の広島県庄原市東城町から岡山県の新
見市・真庭市にかけては、山口県の秋吉台の様な石灰
岩地帯があり、下記のような鍾乳洞など、特異な地形
が展開されています。

　広島県：帝釈峡（白雲洞＝幻の鍾乳洞、雄橋＝自然
にできた長さ90m・高さ40mの橋）、雌橋（雄橋よ
り小型で、ダムの渇水期のみ遊覧船から見られます）

　岡山県：満奇洞、井倉洞、備中鍾乳穴、羅生門、諏

訪洞

1）中国道におけるこの区間の調査や工事に当たっては、各種の空洞対策が行われました。帝釈橋は、土木学会で「田中賞」※を受賞したコンクリートアーチ橋で、橋台基礎部分に大きな空洞部分が発見され、これらをコンクリートで埋める事により現在の橋が完成しています。

帝釈橋

※「田中賞」＝社団法人土木学会が土木学会賞の1つとして設け、1966年から、橋梁・鋼構造工学で優れた業績に対して毎年表彰するもの（P.137参照）。

2）新見IC以東のトンネル工事中に、大きな空洞に遭遇して、路面を確保した上で、路面を覆工で保護して貫通しています。

3）広島県庄原市東城町の土工工事区間においても、

土の掘削に伴って出現した空洞に対しては、排水対策を十分行った上で、コンクリートで埋め戻すとか、鉄筋コンクリート製の床板で覆い、その上に土や構造物を載せています。

　なお、石灰岩類の地質は全国至る所で分布しており、大理石で有名な常陸太田市の常磐道付近でも分布しており、供用してから地下水圧により、トンネル内の路面が変状したとの報告もありました。

9-5 ▎休憩施設でオートキャンプや栗拾い

　秋田自動車道の錦秋湖SAには、錦秋湖を望む栗林の中のオートキャンプ場施設があります。現在は熊出没の恐れがあるため休園中です。なお、温泉のあるオアシス館は老朽化のため閉館しました。

9-6 ▎巨大地滑り対策で大幅なルート変更

　東北横断自動車道いわき新潟線のいわき市内のルートについて、当初は現在のルートから北側の成沢地区を通過するべく中心杭を現地に打って、地質など各種調査を実施していました。その中で、1988（昭和63）年、大規模な成沢地滑りが発生し民家や市道に被害を与えました（この地滑りの「地滑り防止区域面積」は、約77haに及ぶ広大なものでした）。

　この様な事から、福島県を中心に大規模な地滑り対策（トンネル暗渠工、排土工、集水井工、シャフト工、アンカー工など）が行われました。このため、被害や地滑りの実態を勘案すると、地滑り検討委員会などの結論などを基に（南側の山沿いを通過する）別ルートの検討がなされ、現在のルートに決定されたようです。

9-7 | 海峡大橋のレーダー偽像対策

　周防大島大橋は、道路公団の一般有料道路で、本四架橋に先駆けて急潮流の中で多柱基礎橋脚のトラス橋を架橋した試験橋梁です。大島大橋の開通後には橋の下を通過する船のレーダーに偽像が出現しました。

　これに対し、地元大島商船高など専門学校の協力を頂き、レーダー偽像を定量的に明らかにし、モデル橋による鏡面反射偽像に対する実橋への対策として、アルミエキスパンドメタルと斜段配列周期構造の特性により、レーダーの3オクターブに及ぶ周波数に対する効果により、偽像を消滅できました。

　これらの研究結果は、本四公団の橋にも応用されています。

周防大島大橋

※参考文献：「大型橋によるレーダー偽像とその対策に関
する研究」荻野芳造（東北大学機関リポジトリ TOUR）

9-8 │ 休憩施設でのゴミ対応

　高速道路の休憩施設では、道路を利用される方にト
イレ施設や交通情報の提供の他、給油、飲食物や土産
品の提供その他の支援を行なっています。

　この支援の中で、道路を利用されるお客さまから出
されるゴミの回収・処理を行なっています。このゴミ
の中には、依然として家庭ゴミの持ち込みも含まれて
います。ゴミの種類としては、日常生活のあらゆる物
が含まれています。

　このゴミの中で、特異な物として拳銃と実弾の入っ
た包みが入っていた事もありました（すぐに、警察に
連絡しました）。また、持ち帰るのを忘れたのかもし
れませんが、ゴミ箱の近くに、遺骨の入った壺が置い

てあった事がありました（骨壺は、近くのお寺にお願いして預かってもらいました）。

9-9 「ハイめぐり」のすすめ

　ネクスコ東日本東北支社では、「はいたび」という東北6県の情報誌を発行していますが、日本の高速道路網の整備もすでに1万kmを突破し、ほぼ全国の地域を網羅しております。

　これらの高速道路を活用して自動車でのんびりと、全国の名所旧跡、景勝地、温泉、各地域で行われる祭りや行事、あるいは各地の名物や隠れた料理などを求めて旅行するだけでなく、ここでは、「ハイめぐり」（ハイテクで建設されたハイウェイを道路沿線からのハイなポジションから探訪して頂き、気分がハイになるような、全国をめぐる旅）を提案をしたいと思います。

　そのため、休憩施設では各種の名物料理、宿泊施設、温泉施設、シャワー施設、オートキャンプ場などの施設の整備が進められています。

　高速道路は、通行止めや渋滞が無ければ大部分の区間は遮音壁などの障害物がなく、大自然の中で風景を楽しみながら快適にドライブができます。しかし、これらの高速道路は建設時に多くの土地などを提供し、建設に協力して下さった地元の多くの方々、及び建設

に関係した方々の協力を頂いて完成できました。

　建設に当たっては、1個所で50万㎥以上の土を本線外の土取り場から運んで土を盛り、あるいは本線外の土捨て場に運搬した例もあります。また、地面から橋面まで125mの高さを有する橋梁（東海北陸自動車道・鷲見橋）、延長が10㎞以上のトンネルなどを建設しております。

　これらの構造物や施設などは、常にその時々に応じた最新の技術を駆使して建設されました。開通してみれば、建設時の事などは忘れてしまうのは当然ですが、一旦高速道路から離れて、高速道路を見てみるのも、素晴らしい景観や高速道路の果たす役割などを体感できるのではないかと思います。

　特に、これらの素晴らしい景色を、道路上からばかりでなく、高速道路の役割や活躍状況を、沿線から四季折々の写真と共に、記録して後世に遺産として残してゆくのも1つの楽しみではないかと思います。

　先に紹介した広島県の帝釈橋を含め、ネクスコ3社の高速道路の橋梁については、2021（令和3）年までに38件の橋梁が「田中賞」を受賞しています。「高速道路長大トンネルランキングトップ10」と合わせてご紹介します。

「田中賞」受賞高速道路橋梁

橋梁名称	所在	受賞年
別埜谷橋	徳島自動車道	令和2
菰野第二高架橋	新名神高速道路	令和元
生野大橋	新名神高速道路	平成30
新名神武庫川橋	新名神高速道路	平成28
朝明川橋	新名神高速道路	平成28
寺迫ちょうちょ大橋	東九州自動車道	平成25
佐奈川橋	新東名高速道路	平成24
猿田川橋・巴川橋	新東名高速道路	平成21
山切1号高架橋	新東名高速道路	平成19
近江大鳥橋	新名神高速道路	平成18
内牧高架橋	新東名高速道路	平成18
紀勢宮川橋	紀勢自動車道	平成17
桂島高架橋	新東名高速道路	平成17
豊田アローズブリッジ＊	伊勢湾岸自動車道	平成16
日見夢大橋	長崎自動車道	平成16
富士川橋	中部横断自動車道	平成16
芝川高架橋	新東名高速道路	平成15
藁科川橋	新東名高速道路	平成15
古川高架橋	伊勢湾岸自動車道	平成14
今別府川橋	東九州自動車道	平成13

※＊印は写真あり

橋梁名称	所在	受賞年
木曽川橋・揖斐川橋（トゥインクル）	近畿自動車道名古屋神戸線	平成13
都田川橋	新東名高速道路	平成12
池田へそっ湖大橋	徳島自動車道	平成11
本谷橋	東海北陸自動車道	平成10
名港三大橋（名港トリトン）	伊勢湾岸自動車道	平成9
重信高架橋	四国縦貫自動車道	平成8
ホロナイ川橋	道央自動車道	平成7
碓氷三橋（碓氷橋・赤松沢橋・遠入川橋）	上信越自動車道	平成4
（改築）東名足柄橋	東名高速道路	平成3
別府明礬橋	東九州自動車道	平成元
東名阪高架橋	東名阪自動車道	昭和63
椛坂高架橋	山陽自動車道	昭和62
村木橋	西九州自動車道	昭和62
石川橋＊	沖縄自動車道	昭和62
岡谷高架橋	長野自動車道	昭和61
高橋脚長大橋梁 片品川橋，沼尾川橋，永井川橋＊	関越自動車道	昭和60
名港西大橋	伊勢湾岸自動車道	昭和59
帝釈橋	中国縦貫自動車道	昭和53

（出典：土木学会HP）

◀豊田アロー
　ズブリッジ

永井川橋▶

◀石川橋

高速道路長大トンネルランキングトップ10

No	名称	延長（m）	所在	開通年
1	山手トンネル	18,200	首都高中央環状線	平成19
2	関越トンネル	11,055	関越自動車道	昭和60
3	飛驒トンネル	10,710	東海北陸自動車道	平成29
4	アクアライン	9,610	アクアライン連絡道	平成9
5	栗子トンネル	8,972	東北中央自動車道	平成29
6	恵那山トンネル	8,649	中央自動車道	昭和50
7	第2新神戸トンネル	8,055	阪神高速道路	昭和63
8	新神戸トンネル	7,900	阪神高速道路	昭和51
9	肥後トンネル	6,340	九州自動車道	平成元
10	加久藤トンネル	6,264	九州自動車道	平成7

◀恵那山トンネル

飛驒トンネル▶

コラム集

コラム 1 | 高速道路上での 発炎筒の取り扱い方法

　発炎筒は点火すると高温を発生する事から、点火する前には必ず、付近に事故などによるガソリンなどの漏れや引火物などが無いかを十分確認してから、点火して下さい。点火に当たっては、高温が発生しますから、手袋などを装着するのが良いです。

　発炎筒は点火したまま路上に置くと、路面の勾配や風の影響を受けて、転がって移動してのり面や中央分離帯などの火災の原因になります。このため、転がり防止対策を行う必要があります。その例として、発炎筒の後部に小さな穴を空けておき、爪楊枝などの金属製でない棒を差し込むか、何らかの突起物を付ければ良いと思います。

　一般に使われている発炎筒は、発炎時間が5分程度と短く（ちなみに高速隊などの使用している発炎筒は20分程度）、警察や救援隊などが到着するまで持ちません。このため、必ず三角表示板と併用し、停車車両の後方50m以上の車線に近い位置に配置してください。

最近は、電池式で発炎筒と同等の機能を持ち、国土交通省から保安灯として認定されている製品が販売されています。発炎筒は使用期限が５年です。必ず期限内の物をご利用下さい。なお、電池式の物も定期的に電池の確認が必要です。また、車の上に乗せる紫色の回転灯も認定されています。この場合、車のバッテリーの容量にもより、メリットやデメリットがありますので、よく検討して装備されたらと思います。

　発炎筒は【写真１】の様に横にして燃焼させると、

【写真1】

【写真2】

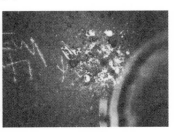

【写真3】

【写真2】の様に硬い石の様な燃焼残留物が生じ、そのまま路面に放置されると路上散乱物になり、通行車に損傷を与える原因の1つになりなす。立てて使用すれば、特に大きな問題にはなりません【写真3】。

　以上の事を考慮すると、発炎筒は電池式の物を使い、三角表示板と電池式の発煙筒双方にマジックテープを貼り付け双方を接着させるか、三角表示板に発炎筒の光る部分が表に出る様にしておき、三角表示板を停止車両の後方50m以上の位置に配置する事が、燃焼時間やガソリンなどへの引火の心配も解決できます。

コラム2 ┃ タイヤの点検

　タイヤは、車両の全重量を支える非常に重要な部品です。最近もトラックの後輪が2本外れて、重大な事故が発生しています。特に、秋・春の冬タイヤとノーマルタイヤの交換時期に多く発生しています。

　業者に依頼せず自らタイヤの交換を行う場合は、タイヤのボルトを締め付ける時には、必ず二人で締まり具合を確認する事と（なお、ボルトの締めすぎもボルトの脆弱化を招きます。一般のチェッカーは、カチッと1回だけにして下さい）、締め付けてから一定距離を走行してから、締まり具合を再度確認する事が重要です。必ず一定距離を走行後や重量物を運搬した前後は、ハンマーなどでボルトの緩み具合を確認する事を

お勧めします。なお、外れやすいのは左側の後輪と言われています。

コラム3 │ 高速道路上での給油

　高速道路には概ね50km毎に1個所給油所が配置してあります。これらの給油所の多くは24時間営業ですが、中には夜間は営業していない所もあります。なお、ルートによっては、給油所間隔が100kmを超える区間が83区間（2015年調べ）あります。できるだけ最新の情報を入手して、余裕のある運転をお願いします。

　軽油を使用する車両は、寒冷地に向かう場合は寒冷地用の軽油を利用しなければなりません。暖かい地方から寒冷地に行かれる場合は、十分留意して給油をして頂きたいと思います。

　ゴールデンウィークや盆休み、北陸、東北、北海道など寒冷地の豪雪期、年末年始や観光シーズンなどには各地で渋滞が発生します。この場合、予想される渋滞の状況をも十分考慮して、給油される事をお勧めします。

　高速道路上の給油所は、「高速道路の全ての給油所」で検索すると、全国の高速道路上の給油所が表示され、石油会社名や営業時間、寒冷地用軽油の販売状況などが分かります。それらを基に携帯電話の地図で現在地と目的地を入力すれば、給油所までの凡その距離と時間を知る事ができます。携帯電話によっては、音

声で案内をしてくれる機種もあります。

　また、最近の多くの車は、カーナビが装備されていますが、選定されたルートで「給油所」を検索すれば案内をしてくれる機種もあります。さらに、音声認識装置が取り入れられており、ハンズフリーで操作が可能な機種もあります。なお、これらの中には、オーディオや携帯電話もハンズフリーが可能な場合もあります。ただし、これらの装置の取り扱いは、交通安全上からは、運転中は極力避けた方が良いと思います。

　EV車の場合は「EV急速充電スタンド」で検索し、ネクスコの東日本、中日本、西日本のいずれかを選んで調べて頂けたらと思います。

　なお、高速道路における水素を充填できる施設（水素ステーション）は展開が遅れており、2023（令和5）年春に、東名高速道路の足柄SA（下）に全国に先駆けてオープン予定ですが、2023年5月現在ではまだ完成していません。

コラム4 ｜ 飲んだら乗るな

　高速道路で飲酒運転事故を起こすと、一般道よりも重大な状況になります。最近は、コロナ禍の影響などもあり事故件数は減少傾向になっていますが、飲酒運転による悲惨な重大事故が依然として発生しています。最近の特徴は以下の通りです。

1）90％が男性であり、20代から50代が多い。

2）金、土、日の夕方〜深夜0時の間が多い。

3）単独事故が多い。

　少量でも飲酒をすると感覚が鈍くなり、とっさの判断ができなくなります。飲む量とその人の体質にもよりますが、アルコールは数時間以上体に残ります。

　また事故の原因が飲酒の場合、自損事故には保険が支払われない事があり、現行犯逮捕される事もあります（5年以下の懲役又は50万円以下の罰金）。行政処分は17〜28点（6点で免許停止、15点で免許取り消し）ですので、「飲んだら乗るな」を励行して頂きたいと思います。

コラム5　脳梗塞や心筋梗塞の初期症状は？

　脳梗塞の初期症状は以下のようになります。

1）「イー」と笑って笑顔を作った時、片方だけ垂れ下がる顔面の歪みが起きる。

2）片方の手、腕、手の平、指に力が入らず曲がってしまう。

3）箸を持ったり、字を書こうとしても上手くできない。

4）言葉が上手く出なかったり、相手の言葉を理解で

きない。
5）めまいがしたり、上手く歩けない。
　　※参照：「あまが台ファミリークリニック院長ブログ」

　心筋梗塞の前兆症状は以下の通りです。
1）胸痛、胸の圧迫やしめつけ感。
2）胸焼け。
3）腕・肩・歯・あごの痛み。
4）3）の痛みが数分程度で治まる。
5）胸痛などの症状を繰り返す。
　　　　※参照：「しまむらファミリークリニックHP」）

　以上の症状は一過性の場合もありますが、緊急に専門医に診てもらう事が重要です（最近は良い薬があって、できるだけ早期に対応すれば大事には至らないそうです）。

コラム6 ｜シートベルトの装着

　シートベルトの装着については、高速道路上では全乗員の装着が法律で定められていますが、まだまだ装着率が100％にはなってはいません。
　最近販売されている車両については、乗車した時に装着を促すアナウンスがされているものもあります。装着しないと、特別な状況でなければ車両が動かない

システムが導入されても良いのでは無いかと考えます。

コラム 7 ┃ 高速道路上で停車した場合の対応手順

高速道路を走行中、

1）前方走行中の車両が急に速度を落とした場合。
2）路上に落下物や事故車などを発見した場合。
3）運転中の車に不具合が生じた場合や、事故を起こした場合。

次のような手順で、対応しましょう。
① 2次災害を防止するため、ハザードランプを点灯して必ず後方の安全を確認の上、路肩や非常駐車帯などに移動する。
※移動が困難な場合はこちらを参照➡**コラム 9**（P.150）
路肩等に移動できない場合
② 路肩などに移動後、サイドブレーキを確実に掛け、同乗者がいれば防護柵のある区間の外側に避難してもらう必要があります。防護柵の外側には、排水施設が設けられていたり、のり面が急になっていて転落の恐れがある場所もありますので、十分気を付けて下さい。
なお、高速道路の路肩に避難すれば、車が走行し

ていないので安心であると思っている方もいます
が、居眠りや脇見運転で路肩に侵入して、路肩に退
避していた人や、駐車車両に追突して死傷事故を起
こしている例が多数発生していますので、注意を怠
らないでください（大型トラックに追突され、乗用
車の乗員4人、家族全員が死亡するという悲惨な例
を、筆者は見ています）。

③　車を路肩などに駐停車させる場合は、運転手は、
発炎筒と三角表示板を取り出し、【コラム1】（P.141）
高速道路上での発炎筒の取り扱い方法を参照して対
応して頂ければと思います。

コラム8 ｜ ドライブレコーダーの普及

　最近、東名高速道路での事故で裁判になったことな
どを受けて、ドライブレコーダーを取り付ける車が増
えています。これによって、事故が発生した場合に明
確な証拠が残ることから、全員が安全運転に励めば事
故は少なくなるはずですが、現在は、状況を見守って
いるところかと思います。

　人が運転する場合、必ずミスを犯し、気分の変化も
ありますので、サポートシステムの早期の充実や自動
運転の実現が望まれます。

コラム 9 │ 路肩等に移動できない場合

　追い越し車線上等で止まった場合、第一に考えるのが人命最優先であり、2次事故・災害の防止です。以下の手順で対応しましょう。

① 　まず、ハザードランプを点灯します。点灯しなければ、ウインカー、前照灯尾灯等を点灯して、自車の存在を知らせる。

② 　次に、一般的には助手席の前方下方に発炎筒がありますから、発炎筒を取り出し、ガソリン等の漏れが無いことを確認して後方を確認し、中央分離帯上に出て、発炎筒に点火して自車の後方50m以上の地点に持っていき置いてください。

③ 　車に怪我人や同乗者がいれば、車から降りて1次的には中央分離帯に避難して下さい。できれば同乗者の中の1人から#9910に携帯電話で道路管制センターに電話して下さい（この場合、事故等の発生した場所は、路肩か中央分離帯に100m毎に高速道路の基点からの距離標を確認するか、大きな構造物や標識等を確認してください）。これによって、現場に向かう一般車に「事故車等あり」の情報を伝える事ができます。

④ 　車のトランク等から三角表示板を取り出し、組み立てて、事故車の後方50m以上の個所に通行車に

150

対向するように配置して下さい。同乗者がいない場合は、この後に安全な場所に移動してから、携帯電話で#9910に電話するか、近くの非常電話から管制センターに電話して下さい。

⑤　高速道路の車線をやむを得ず横断する場合は、極力2人以上で交通状況を確認して、1人の合図の下に最短距離を早足で横断して下さい。

⑥　負傷者、高齢者、体の不自由な方は、車前方の離れた場所の中央分離帯の中に少し分散して救援隊が到着するのを待って下さい。

コラム **10** ┃ 車間距離の確保

　高速道路での事故原因で一番多いのは、前方不注意や車間距離不足です。どんな人でも緊張状態が続くと、必ずミスを犯すものです。車の運転についても同様で、運転を長時間続けたり、気分の動揺などにより緊張が解けると、何かのはずみでミスを犯す可能性が大きくなります。

　航空業界や鉄道業界のように、多くの命を預かる業界、あるいは原子力発電所などにおいても安全対策を徹底して実施しているはずですが、時々事故が起こります。自動車における安全システムは、前述したように、サポートカーとしてすでに多くの自動車メーカーから販売されていますが、まだ完全ではなく、さらな

る改善が求められています。

　特に追突事故について、追突を避けるための、安全で確実な制動距離の確保や機械的制動の実施が可能なシステムの導入が望まれます。最終的には、道路と自動車の間、あるいは自動車同士の間で、GPS 位置情報を含めた情報の通信を行なうことにより、ほぼ確実な制御が可能になると思われます。

コラム11 ｜ トリアージとは

　トリアージとは、大規模災害が発生し、負傷者が同時に多数発生した場合、負傷者の緊急度や重症度に応じて、適切な処置や搬送を行うために、傷病者の治療優先順位を決める事をいいます。

　ある意味で死亡確認に近い判断がなされ、非常に重大で繊細な仕事になります。最大の目的は、「助けられる命は、全て助ける」ことです。このトリアージでは、以下の4つに振り分けられます。

　※参照：東京都福祉保健局「トリアージハンドブック」

黒タグ

　死亡もしくは回復の見込みが無い状態です。平常時なら心肺蘇生をする人も含まれる事があります。

分類	傷病状態	具体的事例
無呼吸群	気道を確保しても呼吸がないもの	圧迫、窒息、高度脳損傷、高位頚髄損傷、心大血管損傷、心臓破裂などにより心肺停止状態の傷病者
死亡群	すでに死亡しているもの、又は明らかに即死状態であり、心肺蘇生を施しても蘇生の可能性のないもの	

赤タグ

　最優先の症状で、直ちに治療開始か要緊急搬送。

分類	傷病状態	具体的事例
最優先治療群（重症群）	生命を救うため、直ちに処置を必要とするもの。窒息、多量の出血、ショックの危険のあるもの	気道閉塞、呼吸困難、意識障害、多発外傷、ショック、大量の外出血、血気胸、胸部開放創、腹腔内出血、腹膜炎、広範囲熱傷、気道熱傷、クラッシュシンドローム、多発骨折など

黄タグ

　赤タグ終了次第対応する。2〜3時間遅れても悪化しない症状。

分類	傷病状態	具体的事例
待機的治療群（中等症候群）	多少治療の時間が遅れても、生命には危険がないもの。基本的には、バイタルサインが安定しているもの	全身状態が比較的安定しているが、入院を要する以下の傷病者：脊髄損傷、四肢長管骨骨折、脱臼、中等度熱傷など

緑タグ

軽傷で医師以外でも対応できる症状。

分類	傷病状態	具体的事例
保留群 （軽症群）	赤タグ黄タグ以外の軽易な傷病で、ほとんど専門医の治療を必要としないものなど	外来処置が可能な以下の傷病者：四肢骨折、脱臼、打撲、捻挫、擦過傷、小さな切創及び挫創、軽度熱傷、過換気症候群、など

　このトリアージは地元の消防や医師が行うものであり、災害現場にテントなどを張り、その中で行われる事が一般に想定されています。ケースとしては、トンネル内での大規模な火災や事故、大型バスの事故、濃霧や地吹雪による多重事故などが考えられます。訓練は東名高速道路の日本坂トンネル事故（昭和54年）を教訓に、全国的にも数個所で行われているようです。

コラム 12 ｜ 自動車の緊急備蓄品

　東日本大震災などの例を見ると、大地震が発生すれば、各地で道路は寸断され、送電が止まり、信号機や通信網が使えなくなる可能性が大きくなります。大雪や大事故が発生した場合でも、大渋滞が発生し、数時間以上動けなくなる可能性があります。

　電気が来ないとなると、休憩施設でも水や燃料の供給が止まり、飲食や給油もかなり限定されます。人は

非常時に水や食料あるいは燃料が不足してくると、心が落ち着かなくなると言われています。このため、たまに長距離を運転する人でも、長距離を運転される場合は、保険の意味で、以下の物をトランクの中などに備蓄されるのをお勧めいたします。

備蓄品

1) 水（1人当たり最低500cc）
2) 食料：氷砂糖（1袋、長期保存が可能）
3) 燃料（燃料の量が半分程度になったら給油）
4) 非常用トイレ
5) 懐中電灯、携帯電話充電器、携帯ラジオ
6) 救命胴衣（地震による津波被害の予想地域）
7) スタッドレスタイヤ、除雪用スコップ、寒冷地用軽油、暖房器具（雪氷地域に行かれる場合）

コラム 13 ┃ エコノミークラス症候群

エコノミークラス症候群とは、血の固まり（血栓）が肺の血管に詰まって肺塞栓などを誘発することを言います。食事や水分を十分に取らない状態で、狭い座席に長時間座っていて足を動かさないでいると、血行不良になり血液が固まりやすくなるのです。

車が大雪や大規模な交通事故、あるいは災害などによる渋滞に巻き込まれた場合や、長距離の運転などで

発生する恐れがあります。

　運転中にエコノミークラス症候群の状況が発生する事を防ぐためには、以下の事を参考にして下さい。

1）時々、足の指の「グウ、パー」運動、つま先の「上下」運動、足首の「回転」、かかとの「上げ下ろし」、ひざの「上げ下ろし」、ふくらはぎやももの「下から上へのマッサージ」などを片足ずつ行う。
2）十分に、しかもこまめに水分を取る。
3）アルコールを控える（運転手は当然禁止）。できれば禁煙する。
4）乗車中はゆったりとした服装をし、ベルトをきつく締めない。
5）眠る時は足を上げる。

※参照：厚生労働省 HP

おわりに

　記載内容については、筆者の経験時点が多少古いため、データや考え方が最新のものと異なっている内容があるかもしれませんが、ご了承頂きたいと思います。

　年に一度の定期点検の際などに本書を読み返していただき、高速道路や車の安全性に関する知識を新たにしていただけたら幸いです。

　最後に、本書執筆や出版に当たって、査読や校正などご指導頂きました多くの皆様方にこの場をお借りしまして、感謝の礼とさせて頂きます。ありがとうございました。

著者プロフィール

朝日 和雄（あさひ かつお）

1948年茨城県に生まれる。

1972年JH（日本道路公団）入社。以降、中国道、山陽道、広岩道路、広呉道路、大島大橋などの建設担当。本社にて日本坂TN火災事故処理、東海地震対策担当。四国で高松道・松山道・高知道の建設担当。試験所にてトンネル・斜面技術の指導・研究など。仙台で東北道などの交通技術担当。御殿場で東名高速道路の管理担当。北上で秋田道・釜石道の建設担当。盛岡で東北道の管理担当。

JH退職後、東関道、京葉道路、その他関東一円の高速道路の道路メンテナンスにて安全担当。

2010年より茨城にて農業開始。

太陽光発電会社を設立し現在に至る。

あなたを守る高速道路利活用ノウハウ
～高速道路で事故や災害から命を守るには～

2023年9月15日　初版第1刷発行
2023年9月20日　初版第2刷発行

著　者　朝日 和雄
発行者　瓜谷 綱延
発行所　株式会社文芸社
　　　　〒160-0022　東京都新宿区新宿1－10－1
　　　　　　　　　電話　03-5369-3060（代表）
　　　　　　　　　　　　03-5369-2299（販売）

印刷所　株式会社エーヴィスシステムズ